나는 평범한 인간 속에 살고 있는 위대함에 열광한다. 자신의 삶 속에서 그 위대함을 끄집어내어 훌륭한 인생을 살아가게 될 평범한 사람들의 잠재력에 몰두한다. 나는 평범하고 초라한 사람들이 어느 날 자신을 일으켜 세우는 위대한 순간을 목격하고 싶다. 나도 그들 중 한 사람이고 싶다. 그들이 꽃으로 피어날 때 그 자리에 있고 싶다. 이것이 내 직업이 내게 줄 수 있는 가장 아름다운 풍광이다.

구본형

"자신의 가능성을 가지고 최고의 작품을 만들어내는 것, 이것이 바로 한 변화의 주체가 자신의 전 역사를 통해 성취해야 할 필생의 프로젝트라 할 수 있다." ─구본형

내 인생을 바꾸었고 지금도 여전히 영향을 주고 있는 멘토가 있다. 나는 그를 딱 한 번 만났다. 그것도 한 시간 정도의 짧은 시간이었다. 그는 주로 책과 강의를 통해 깨달음을 주던 사람이었다. 그는 나 말고도 다른 많은 사람의 멘토로 살아가며 어제보다 아름다워지려는 사람들을 돕는다. 그는 변화경영연구소 구본형 소장이다.

나는 그의 첫 책《익숙한 것과의 결별》을 통해 처음 그와 만났다. 그가 가장 크게 영향을 준 것은《그대 스스로를 고용하라》라는 책을 통해서였다. 그 책을 통해 변화를 꿈꾸었고 1인 기업을 목표로 8년간 다니던 직장을 그만두었다. 유학의 꿈을 이루려면 돈이 필요했고 일단 돈을 모으기 위해 시작한 공인중개사 일은 여러 가지 문제로 실패했다. 나는 경제적·정신적·육체적으로 모두 소진되었다. 완전히 무너지기 전 그가 연구원을 모집한다는 사실을 알게 되었다. 연구원이 되면 생업은 계속 유지하면서 함께 책을 읽고 토론하며 공부를 하여 2년 뒤에는 자신의 이름이 들어간 책을 쓸 수 있도록 돕는다는 것이었다.

책을 쓰고 싶다는 막연한 생각만 하던 나에게, 그리고 현재에 너무나 지쳐 있던 나에게 연구원 모집 공지는 한 줄기 빛과 같았다. 정성껏 20페이지의 지원서 양식에 맞춰 글을 써서 지원했다. 당연히 나는

떨어졌다. 절박했을지 모르지만 내가 원하는 글의 방향이 연구원에
맞지 않았고, 스스로 자격이 된다고 최면을 걸기도 했지만 여러 가지
로 부족하다는 사실은 나 스스로도 잘 알고 있었다.

그런데 떨어진 후 깜짝 놀랄 메일을 받았다. 그가 나를 한번 만나
고 싶다는 것이었다. 존경하는 선생을 만나는 것이 기쁜 일이면서도
왜 떨어진 나를 만나자고 하는지 궁금했다. 그를 광화문에서 만났다.
그리고 그 이유를 알게 되었다. 지원서에 "평생을 아등바등 살아와
겨울철에 매생이국 한 그릇 못 먹어봤다"는 내용이 있었는데 그 글을
보고 매생이국 한 그릇을 사주기 위해 만나자고 한 것이었다.

다른 사람에게는 아무것도 아닌 일일 수 있지만 이 일은 내 인생관
을 바꿀 만큼 충격과 감동을 주었다. '언제 나는 나와 관계없는 사람
을 위해 시간과 돈을 쓴 적이 있었나? 이런 따뜻함을 가진 사람들과
함께 이 세상을 살아가고 있구나.' 매생이국 한 그릇으로, 조금은 냉
소적이었던 나는 보다 따뜻한 시선으로 세상을 바라보게 되었다.

— 구본형 변화경영연구소 추모 게시판에서

"나는 평범하고 내향적이고 잘하는 것이 별로 없는 사람이다. 세상에 영
광스럽게 빛나 보이는 문들은 나에게 다 닫혀 있다고 여기기도 했다. 변화
경영에 대한 글을 쓰고 강연을 하는 작가로서의 내 인생은 나에게 열려 있
는 유일한 길이었다." 스스로의 말대로 구본형은 평범한 사람이었다. 어린
시절 가난했고 대학을 마치고 역사학자가 되기 위해 대학원에 진학했으나
예상치 못했던 시대와 학교 상황에 맞닥뜨리면서 꿈을 접어야 했다. 공부
를 그만두고 이력서 수십 통을 보냈으나 면접 기회조차 잡지 못할 정도로
취업이 만만치 않았다. 그러다 전공에 제한이 없다는 이유로 찾아간 회사

에 운 좋게 입사했다. 그리고 20년간 직장인으로 살았다. 직장생활 20년 중에서 16년 동안 한 부서에 몸담았다.

구본형은 특별한 사람이다. 직장생활을 하며 마흔세 살에 글을 쓰기 시작해서 혼자 쓴 책만 열아홉 권에 이른다. 여러 권이 베스트셀러가 되었고, 대부분 스테디셀러로 자리 잡았다. 출판사마다 꼭 한번 책을 내고 싶어 하는 작가가 되었고, 책들의 판매량은 100만 부를 훌쩍 넘겼다. 2005년 삼성 SDS e캠퍼스는 활동 중인 3,000명의 강사 중에서 그를 최고의 강사로 선정했다. 구본형은 기업의 CEO들이 뽑은 최고의 변화경영 전문가이자 직장인이 가장 만나고 싶어 하는 강연가 가운데 한 명이다.

그의 평생 화두는 두 개였다. 변화와 사람. 이 둘은 공부와 사유의 핵심이었다. 책과 강연과 삶을 꿰는 키워드였다. 삶은 변화 자체. 생명이 주어진 순간부터 변화는 모든 생명의 존재 방식이다. 구본형에게 변화란 "본래의 자기로 돌아가는 과정"이다. 자기답게 살지 못하는 사람은 불행하기에, 그들은 본래의 자기를 찾아 떠나는 모험이 필요하다는 것이다.

2000년 창업한 1인 기업 구본형 변화경영연구소의 슬로건은 '우리는 어제보다 아름다워지려는 사람을 돕습니다'다. 이것이 그가 하는 비즈니스의 본질이다. 책과 강연을 포함해 그의 모든 일은 사람을 돕는 것이다. 그가 즐겨 사용하는 닉네임은 '부지깽이'. 부지깽이는 불을 지필 때 땔감이 잘 탈 수 있도록 들추거나 밀어 넣는 데 쓰는 막대기다. 그는 한 사람이 자신의 소명을 발견하고 잠재력을 계발하도록 돕는 스스로의 역할을 부지깽이로 상징했다.

좋은 사람에 대한 아주 멋진 기준 하나를 알고 있다. '내가 서고 싶으면 먼저 그 사람을 세워주어라.' 이런 가치를 믿는 사람이 좋은 사람이다. 다른 사람의 불행과 희생 위에 나의 성공을 쌓는 사람을 경계하라. 어떤 사람과 인생을 함께 했느냐, 이것은 그 사람의 인생이 어떠했는지를 말해주는 가장 결정적 증거다.

그의 '사람'과 '변화'라는 화두는 자기경영으로 종합된다. 자기경영은 본래의 자기가 되기 위한 실천적이고 창조적인 변화이다. 타고난 재능과 기질을 이해하고 강점으로 계발하여 자신에게 가장 어울리는 일을 자기답게 하기 위한 철학과 기술이 자기경영의 줄기이다. 그의 저서 가운데 3분의 2가 자기경영과 관련되어 있다. 자기경영은 그에게 주된 탐구의 대상이었다.

이처럼 구본형의 평범함과 특별함 사이에는 '변화'와 '자기경영'이 있었다. 그는 삶과 글을 통해 이 둘 사이를 건너는 법에 대해 말해왔다. 그는 좋은 책은 '진실에 진실한' 사람이 쓴 책이라고 말하곤 했다. 그가 발견하고 추구한 진실은 그의 책 속에 녹아 있다. 그의 책을 보는 것은 그의 삶을 이해하는 정석이 된다.

그는 마흔세 살부터 본격적으로 글을 쓰기 시작했다. 매년 한 종 이상 꾸준히 출간된 책들 모두 새벽에 썼다. 늘 새벽 네 시에 일어나 두 시간을 글쓰기에 할애했다. 그가 가장 좋아하는 시간이었고, 글쓰기는 가장 소중한 활동이었다. "내 하루는 22시간"이라고 말하는 그는 《마흔세 살에 다시 시작하다》에서 이렇게 썼다.

"나는 내가 좋아하는 것으로 하루를 시작한다. 나는 글 쓰는 것을 좋아한다. 그래서 그것부터 시작한다. 새벽의 두 시간은 그렇게 지나간다."

한 연구원이 물었다.

"선생님은 1년 365일 중 새벽에 일어나는 날이 몇 번이나 되세요?"

그는 360일쯤 될 거라고 했다. 비교적 늦은 나이에 글쓰기를 시작했음에도 많은 책을 남길 수 있었던 이유가 여기에 있다.

그는 기록하는 사람이었다. 저서 중 《일상의 황홀》은 '하루하루의 기록 모음집'이다. 하루는 파도처럼 오고 간다. 반복되는 파도처럼 어제와 오늘은 별반 다르지 않아 보인다. 하지만 같은 파도는 없다. 물결이 다르고 높이가 다르고 소리도 다르다. 하루하루도 그렇다. 바람이 파도를 춤추게 하듯 하루를 춤추게 하는 방법이 있다. 기록이다. 기록의 중요성에 대해 구본형은 이렇게 말한다.

"기록은 사라져가는 것들을 붙잡아줍니다. 기록은 이미 사라진 것들에게 옷을 입히고 영혼을 불어넣어 다시 내 눈 앞으로 되돌려줍니다. 그것은 초혼의 주술이며 시간을 머물게 하는 마법입니다."

그는 어떤 하루를 기록했을까? 그는 "사람이 살고 있었던 날, 그 하루는 황홀한 일상이었습니다. 황홀한 하루, 그것들이 모여 내 삶을 별처럼 빛내주었으면 좋겠습니다. 삶을 잘 사는 것처럼 멋있는 예술이 또 어디 있을까. 그것처럼 훌륭한 자기경영은 없습니다"라고 말하고 있다. '하루의 기록'이 지닌 가치를 구본형은 다음과 같이 정리하였다.

기록은 사라져가는 것들을 존재하게 하고 잊혀가는 것들을 있게 함으로써 역사가 되고, 그 역사가 곧 내 삶의 모습으로 남게 될 것입니다. 그 많은 하루들 안에서 나는 '내 안에 사람이 살아 있던 날'들이 점점 더 많아지기를 바랍니다. 그것이 곧 성장이고 훌륭한 자기경영이기 때문입니다.

어느 여름 변화경영연구소 해외연수 중 한 연구원과 구본형이 이탈리아 산 지미냐노의 한 오래된 교회 정문 앞 계단에 앉아 있었다. 유럽의 옛 도시들이 그렇듯 교회 앞으로는 넓은 광장이 펼쳐져 있었고 사람들로 붐볐다. 마을 곳곳에 세워져 있는 높은 탑들 사이로 파란 하늘이 눈부셨고 하얀 구름이 간간이 다리를 놓았다. 여행자들이 지중해의 부드러운 바람과 반짝이는 햇살을 즐기는 동안 구본형은 노트 위에 엽서를 올려놓고 무언가를 쓰고 있었다. 낯선 여행지에서 떠오른 누군가에게 마음의 풍경을 전하고 있었던 것이다. 동행하던 연구원의 눈빛을 느낀 그가 말했다.

"낯선 곳을 여행할 때는 그때 그곳에서 떠오르는 누군가에게 엽서를 보내는 것도 좋아. 이번 여행도 막바지이니 이 엽서는 내가 한국으로 돌아간 후에나 도착하겠지. 그래도 괜찮아. 그대도, 자기 자신에게 혹은 사랑하는 누군가에게 편지를 써봐."

손으로 직접 써야 나오는 내 안의 것들이 있다. 편지라는 통로를 거쳐야 더 깊이 전할 수 있는 감정이 있다. 그 연구원은 이 또한 스승 구본형에게 배운 것이라고 말한다.

"그 전까지 나는 여행지에서 엽서 같은 것을 써본 적이 한 번도 없었지만, 처음 써본 순간 이것이야말로 여행의 특별한 묘미임을 알게 되었습니다. 여행지에 가면 거의 모든 상점에서 주변의 유적지나 자연 풍광을 담은 사진엽서를 볼 수 있어요. 나는 엽서들을 왜 그리 많이 파는지, 사람들이 왜 이걸 사는지 이해를 못 했었지만, 이제는 알고 있습니다."

그는 늘 죽음을 인식하고 있었다. 변화경영연구소 연구원의 첫 수업은 언제나 장례식이었다. 나에게 나의 장례식에서 발언할 3분의 시간이 주어진다면 무슨 말을 할 것인가! 단지 시기를 모를 뿐 언제고 닥칠 엄정한 시점을 미리 불러내 '지금 여기'에서의 결단을 촉구한다.

사랑하라. 지독하게 사랑하라.
삶은 꽃과 같으니 오늘의 꽃은 오늘 따야 함을 잊지 마라.

그는 삶이 단명하기에 더욱 아름답다고 했다. 신이 인간의 일회성을 시샘한다고 했다. 과거는 지나갔고 미래는 환상이니 우리가 살아낼 수 있는 것은 오직 지금뿐, '일상의 황홀'을 추구하는 그에게 모든 순간은 축제였다. 공평하게 두루 섞여 맛이 더욱 좋아지는 비빔밥에 빠져서는 소풍을 갈 때에도 커다란 양푼을 들고 다니며 비빔밥을 해 먹었다. 좋아하는 시를 한 편씩 암송하는 모임을 여는가 했더니 어느새 그 시들을 묶어 책으로 내놓았다. 여름마다 제자들과 해외여행을 떠나 몽골, 뉴질랜드, 크로아티아, 이탈리아를 누비고 다녔다. 슬로베니아에서는 주먹만 한 빨간 코를 붙인 도사로 분장하고서 거리 공연을 할 정도로 나날이 그의 풍류는 무르익었다.

그 아름다운 생의 절정에서 때로 "아, 죽기 싫어!"라며 느닷없는 토로를 하기도 했는데, 정작 자신의 실제 죽음 앞에서는 고요하게 다 내려놓았다. 단 한 번 허락된 지인들과의 마지막 면회에서는 두 팔을 치켜올려 "너무 아름다워요. 너무 좋아요."라며 삶을 찬미했다. 그는 병석에서 니코스 카잔차키스의 《영혼의 자서전》을 반복해서 읽었다지만, "적선하시오 내 형제들이여. 내게 십오 분씩만 적선하시오"하며, 삶을 구걸하는 일을 벌이진 않았다. 이만하면 되었다. 이것이 나의 길이라면 운명이여 오너라, 그는 최후의 순간까지 삶을 껴안았다. 그의 장례미사를 집전하던 강순건 신부(성 베네딕도회 왜관 수도원)가 말했다.

"그는 내게 선종이 무엇인가를 깨닫게 했습니다. 죽음의 그늘이 없었습니다. 죽음을 두려워하는 것도 없었고 죽음을 향해 간다는 아무런 표시가 없었습니다. 삶을 끝까지 살고 완성했습니다. 그냥 산 것이 아니라, 사랑으로 삶을 끝까지 이루었습니다. 그 삶 안에 많은 비바람이 있었지만, 이 모든 것이 그의 영혼에 아무런 상처도, 아픔도, 주름도 남기지 않았습니다. 우리 모두에게 죽음은 낯선 것인데 익숙한 삶과 아주 가볍게 결별하고 낯섦을 받아들이며, 삶과 죽음은 하나라는 것을 삶으로 증거했습니다."

신부는 자신보다 어린 그를 선생이라 불렀다.

"저는 성직자로서, 세속인 구본형 바오로 선생을 만났지만, 그의 삶 안에서는 성과 속의 구분이 없었습니다. 거룩함을 자기 삶 안으로 끌고 들어가고, 세속적인 것을 거룩함으로 변화시키는 그런 신비로운 일을 우리 가운데에서 하였습니다. 그래서 저는 그를 선생이라 부릅니다."

언론에서는 베스트셀러 저자, 자기계발 전문가라고 불렀지만, 신부는 다른 말을 하였다.

"많은 분들이 변화경영 사상가, 작가, 시인 여러 가지 이름으로 부르지만, 저는 그를 우리에게 진정으로 새로운 영성을 보여준 '우리 시대의 영성가'라 이름 붙이고 싶습니다. 그는 우리가 일상에서 어떻게 하느님께 나아갈 수 있을까 하는 것을 가르쳐주었습니다. 그의 글과 삶과 가르침을 보면 예수님 모습이 보입니다. 예수님 말씀을 우리 일상의 언어로 풀어주었습니다. 그의 말과 글은 새로운 복음입니다. 우리의 일상적인 언어로 예수님의 메시지를 새롭게 해석해준 영성가를 우리가 만나고 살았던 것은 복된 일입니다."

　뒤이은 신부의 말 어느 구절에 이런 이야기가 들어 있었다.

　"그는 남을 부끄럽게 했지만, 남을 주눅 들게 하지 않았습니다……."

　　쪼다 구본형
　　그래서 아이들은 나를 미숙이라 부른다
　　여자 이름이 아니라
　　미숙한 그대라는 뜻이다
　　뭐 그러면 어떠냐
　　생긴 대로 살면 되지
　　구본형은 무지 재미없다
　　노래도 못하고 춤도 못 춘다
　　그것만 못하면 말도 안 한다
　　그러니까 잘하는 게 별로 없다
　　하느님도 무심하시지
　　어째서 그렇게 만들어주셨을까
　　그래도 요즘은 좀 나아졌다
　　다른 사람 열 개씩은 받은
　　달란트 한 개로도 그럭저럭 잘 살고 있으니
　　마치 우리 집 멍청이 개
　　돌구가 가죽 옷 하나로 일 년을
　　잘 살아가듯이

그의 시 〈자화상〉의 일부다. "따뜻한 봄날 날리는 벚꽃잎처럼 웃어라. 가장 먼저 자신의 모자람을 웃음의 대상으로 삼아라. 그러면 언제 어디서나 웃을 수 있다. 모두 내어줘라. 가진 것을 다 쓰고 늙고 빈 가죽포대만 남겨라"라고 스스로 말했듯 자신까지도 웃음의 소재로 삼았다.

"유머란 나와 나에게 닥친 사건을 분리시켜 인지함으로써 웃어줄 수 있는 힘을 얻는 것이다. 자신을 웃음거리로 만들 줄 아는 사람들이야말로 유머를 즐기는 사람이다. 삶에 대해 웃어주자. 웃음으로 나를 탐구하자." 그의 인생 탐구법은 웃음과 긍정의 확대였다.

그의 모든 출발점은 '자기 자신'이었다. 새로운 아이디어가 떠오르면 우선 자신에게 먼저 실험한다. 그리고 쓸 만하다 싶으면 다른 이들도 적용할 수 있도록 범용성을 추가했다. '음식 공급을 중단함으로써 생각 없이 진행되는 일상에 제동을 걸어라, 무슨 일이 있어도 새벽 두 시간은 자신에게 투자하라, 다른 사람이 아닌 어제의 나와 경쟁하라, 책 쓰기를 통해 전문성을 인정받아라, 직장인의 생명은 필살기다, 시처럼 사는 인생……' 같은 방법론은 자신을 도구로 실험하여 탄생했다.

그는 공부를 위한 공부를 하지 않았다. 난해한 개념을 나열하며 학식을 과시하는 지식 중개상도 아니었다. 오직 '좋은 삶'을 위해 필요한 철학만을 추구하고, 그것을 직접 실험해 보였다. 빠르게 지식의 외연을 넓혀가기보다 일일이 느릿한 삶으로 검증해 보이는 행보 덕에 결국 눈부시게 진화했다.

2005년 시작된 변화경영연구소 연구원 제도도 해마다 새로운 사항이 추가되곤 했다. 1기는 20페이지의 '미 스토리me story'만 받아 보고 선발했지만, 2기에는 한 달간의 인턴 과정을 추가하였고, 3기에는 해외연수 과정과 출판 관계자를 초대하여 연구원들이 출판 기획안을 발표하는 '프리 북페어'가 생겨났다. 5기부터는 면접 과정이 신설되었고, 7기부터는 3년 안에 책을 못 쓰면 거액의 수업료를 납입해야 하는 페널티가 추가되었다.

어느 틈엔가 "노래도 못하고 춤도 못 춰서 재미없는 구본형"은 사라졌다. 그를 배우고자 하는 후배들이 찾아들어 구본형이라는 원류에서 비롯된 흐름이 작은 왕국을 이루었다. 그는 이제 평범하지 않다. 한때 평범한 직장인이었기에 오히려 평범한 직장인들에게 희망의 전범이 되었다. 스스로 평범함에서 위대함으로 나아가는 '진화의 지도'가 되었다.

자기경영은 바로 이 운명에 대한 낙관입니다. 무슨 일이 나를 찾아와도 그것은 더 훌륭한 삶의 전조임을 받아들이는 것입니다. 그리해 '지금 여기 살아 있음', 이 초록색 인생 표지판이 항상 켜져 있도록 삶을 이끄는 것입니다. 삶은 탐험과 모험이니까요.

그의 실험은 계속되었다. 최근 3년간 전력과 전념을 통해 신화경영을 새롭게 부각시켰고, 연구소 활동을 집결시킬 수 있는 오프라인 카페 '크리에이티브 살롱9'를 열었다. 그런데 돌연 길이 끝났다. 그렇지만 그가 세상을 떠난 후 벌어진 일들을 보면 그것이 결코 끝이 아님을 알 수 있다. 스승의 떠남이 충격이었지만 제자들은 저마다 '리틀 구본형'으로 다시 태어났다. 스승이 뿌린 씨앗을 품고 연구소의 비전을 위해 자발적으로 공헌하고 있다. 스스로 어제보다 아름다운 사람이 됨으로써, 어제보다 아름다워지려는 사람들을 돕는 장정이 시작되었다.

구본형이 제일 좋아하는 말 중의 하나는 이것이다.

"춤쟁이는 매일 춤춰야 하고, 환쟁이는 매일 그려야 하고, 글쟁이는 매일 써야 한다. 마치 검객이 매일 수련하지 않으면 목숨이 위태롭듯이 매일 수련해야 한다."

그의 삶과 책은 독자들에게 전한다. 많이 웃고 많이 감탄하라고.

"그럭저럭 꾸려가는 인생은 늘 질척이게 마련이다. 걱정한다고 미래가 밝아지는 것은 아니다. 비 오면 비를 맞고 해가 나면 햇빛 속을 걸으면 된다. 그런 여행이 재미있고 즐거운 이야기로 가득하다. 다른 사람과 다른 이야기를 많이 만들어낼수록 그 사랑은 특별하다. 사랑이 아닌 것들이 사랑을 죽이게 하지 말기를. 한때 우리를 당황하게 했던 일들이 어느 날 우리의 삶을 지켜준 기둥들임을 알게 될 것이다."

그는 말한다. 인생에는 여러 길이 있다고. 스스로 모색하고 모든 것을 걸되, 그 길이 아니더라도 실망하지 말라고. 앞에 다른 길이 나오면 슬퍼하지 말고 새 길로 가라고. 어느 길로 가든 훌륭함으로 가는 길은 있다고.

나는 내 마지막 날을 매우 유쾌하게 상상한다. 나는 그날이 축제이기를 바란다. 가장 유쾌하고 가장 시적이고 가장 많은 음악이 흐르고 내일을 위한 아무 걱정도 없는 축제를 떠올린다. 눈부시도록 아름다운 것은 단명한 것들이다. 꽃이 아름다운 것은 그래서 일 것이다. 한순간에 모든 것을 다 피워내는 몰입, 그리고 이내 사라지는 안타까움, 삶의 일회성이야말로 우리를 빛나게 한다. 언젠가 나는 내 명함에 '변화경영의 시인'이라고 적어두려고 한다. 언제인지는 모른다. 어쩌면 그 이름은 내 묘비명이 될지도 모른다. 나는 내 삶이 무수한 공명과 울림을 가진 한 편의 시이기를 바란다.

일러두기

1. 이 책은 저자가 2002년부터 2013년까지 〈구본형 칼럼〉이라는 제목으로 남긴 604편의
   원고 가운데 저자의 생애와 사유의 스펙트럼을 가장 잘 보여주는 대표작 60편을 선별하여
   묶은 것이다.

2. 저자의 주된 삶의 주제였던 변화와 자기경영을 표현하기 위해 '봄, 여름, 가을, 겨울,
   그리고 다시 봄'이 상징하는 이미지를 가져와 각 글들을 재분류하여 구성하였다.

3. 이 책에 실은 시는 모두 저자가 비교종교학자 조셉 캠벨을 활용하거나 기리어 쓴 것이다.

4. 저자 소개 글은 변화경영연구소 한명석, 홍승완, 이기찬, 최우성 연구원이 도움을 주었다.

5. 이 책의 편집에는 변화경영연구소 오병곤, 홍승완, 강미영 연구원이 참여하였다.

6. 첫 페이지 저자 사진은 이탈리아 로마에서(사진 왼쪽이 구본형), 관권 앞에 위치한 본문
   마지막 페이지 사진은 그리스 메테오라에서 신재동 연구원이 찍은 것이다. 사진ⓒ신재동

구본형의 자기경영 1954–2013

나는 이렇게
될 것이다

 구본형

김영사

나는 이렇게 될 것이다

깊은 인생을 향한 모험은 오직 믿음으로 시작할 수 있다

나는 얕은 인생을 버리고 깊은 인생을 살고 싶다

그리해 그것이 무엇인지 꿈꾸어보았다

믿음을 가진 사람은 반드시 다음과 같으리라

집착하지 마라

가지려 하지 않으면 매이지 않으니

그때 자유다

산들바람이 되는 것이니 그 따뜻한 봄날

날리는 벚꽃잎처럼 웃어라

가장 먼저 자신의 모자람을 웃음의 대상으로 삼아라

그러면 언제 어디서나 웃을 수 있다

모두 내어줘라

가진 것을 다 쓰고 늙고 빈 가죽포대만 남겨라

재주가 끝에 닿아 더 나아갈 수 없을 때 절망하라

그러나 신에게 절망해서는 안 된다

신은 무한이시니,

낭떠러지에 다다르면 날개를 주실 것이다

까보 다 로까의 절벽을 기억하라

바다로 뛰어내리는 자가 신대륙을 향하게 되지 않았는가

받은 것이 초라한 것이라도 평생 갈고 닦아라

영웅의 허리에 채워진 빛나는 보검이 되리라

술과 구라를 즐기되 항상 혀를 조심하라

어느 장소에서나 어느 주제에 대해서나 할 말을 다하는 자는

불행한 자이니 말하고 싶을 때마다 세 번을 더 깊이 들어라

특히 나이가 들어서는 혀를 잘 묶어두어야 한다

고약한 늙은이 옆에는 사람이 없으니 외로움이 끝없으리라

배워서 알고 있는 것을 다 쓰지 못하고 가는 것은 서운한 일이나

친구는 들어주는 사람 곁에 모이는 것이니

하나를 말하고 둘을 들어라

더 많이 노래하라

찬미하는 자는 영혼이 깃털 같으니

새가 하늘을 나는 이유는 노래하기 때문이다

신은 노래 부르는 자를 더 가까이 두고 싶어 하신다

더 많이 춤을 추어라

두 손을 높이 쳐들고 엉덩이를 흔들고 허리를 돌려라

육체의 기쁨을 축하하라

땅의 기쁨을 위해 몸을 주셨으니

쓰지 못할 때까지 춤으로 찬양하라

온몸으로 슬픈 단명을 사랑하라

나를 지배하는 세 가지 열정이 있으니

세상을 따뜻한 미풍으로 떠도는 것과

샘솟듯 멈추지 않는 사랑과

노래하고 춤추고 이야기하는 축제에 대한 그리움이니

나는 세상이 잔치이기를 바란다

고난은 사라지고

사위어가는 모닥불 옆에서

기나긴 인생의 이야기들을 들으며

가장 초라한 모습 속에 감춰진 흥미진진한 긴 여정을 따라나서고

가장 부유한 자의 외로움과 후회를 위로하고

지난 사랑의 이야기를 눈물로 듣기를 좋아한다

그리해 햇살이 쏟아져 눈을 뜰 수 없는 빛나는 바다를

하얀 돛배로 항해하고

달빛 가득한 여름 바다에서 벌거벗은 몸으로 헤엄을 치고

폭우가 쏟아지고 천둥이 치는 날

촛불을 밝히고 포도주를 마시고

흰 눈이 쏟아질 때 모자를 쓰고

설산을 걸어가리라

가까운 사람들과 더불어 낯선 사람들을 가슴으로 받아들이고

내 안에 더 많은 하느님을 품고

하늘에 가득한 별을 쳐다보리니

이것이 내가 꿈꾸는 일이다

차례

서시 · 나는 이렇게 될 것이다

봄–마음이 흐르는 곳

여름-아름다운 정의

다시 봄, 그리고 시

나는 이 우주를 항해하는 행성이다. 수없이 많은 다른 별들이 바로 내가 만나는 사람들이다. 사람은 우주를 닮았다. 나도 우주의 법칙에 따른다. 우주에는 밝음과 어둠이 있다. 어둠은 나의 약점이기도 하고 문제점이기도 하고 나의 실수와 상처이기도 하다. 밝음은 나의 강점이며 성공이기도 하고 나의 감탄과 삶의 기쁨이기도 하다. 나는 어둠을 품은 밝음이다. 내가 가장 먼저 해야 할 일은 나의 밝음을 확산하는 것. 어둠을 지우는 대신 먼저 밝음을 키우는 것이 선행되어야 한다. 이것이 내 전략이다.

봄-
마음이 흐르는 곳

밝음을 경영하라

나는 그녀의 이야기를 좋아한다. 그녀는 어느 날 작은 도시의 상공회의소가 주최하는 저녁 모임에서 강연을 하게 되었다. 경기는 어려웠고, 실업은 늘었으며, 매출은 줄었다. 사람들은 의기소침해 있었고 모두 정부와 불경기를 탓했다. 글로벌 환경도 좋지 않아 경기의 회복을 더욱 어둡게 하던 때였으므로 그녀를 초청한 주최 측은 그들에게 용기를 줄 수 있는 메시지를 기대했다.

드디어 그날이 왔다. 그녀는 아주 커다란 종이 한 장을 들고 그들 앞에 섰다. 그리고 그들이 보는 앞에서 종이의 한가운데에 마크 펜으로 선명한 검은 점을 하나 찍었다. 그리고 물었다.

"무엇이 보이는지요?"

사람들은 이구동성으로 답했다.

"검은 점 하나요."

그녀는 다시 확인했다.

"검은 점 하나 외에 다른 것은 보이지 않는지요?"

사람들은 유심히 그 커다란 백지 위를 살폈지만 역시 아무것도 발견할 수 없었다. 그때 그녀가 말했다.

"여러분이 놓치고 있는 것이 있습니다. 바로 이 하얀 종이 말입니다. 인생에서, 비즈니스에서, 가정에서, 개인적인 일에서나 공적인 일에서 우리는 바로 이 검은 점 하나와 같은 작은 실수와 실패 때문에 온통 마음이 심란해집니다. 그러나 중요한 것은 아무것도 그려져 있지 않은 이 하얀 여백입니다. 이곳이 바로 우리가 꿈을 그려 넣을 자리입니다."

사람들은 심리적으로 부정적 반응에 민감하게 느끼며 정신을 집중하고 빠져드는 경향이 있다. 나 역시 그렇다. 실수에 마음을 매어두고, 나를 탓하게 된다. 열패감에 빠지게 하고 후회하게 하고 되씹게 만든다. 그것을 우리는 자기반성이라고 한다. 그러나 지나친 자기 감독은 배움보다는 좌절과 자기 실망으로 이어지는 경우가 더 많다. 그것은 자제력을 요구하고 더 근신할 것을 명하지만 자제력이란 소모적인 것이기 때문에 넘치게 사용하다 보면 파김치가 되고 만다. 커다란 하얀 종이에 찍힌 검은 점 하나라는 어둠에 집착하게 됨으로써 삶의 밝음을 상실한다는 것은 아까운 일이며, 기쁨과 축복을 삶으로부터 박탈하는 어리석은 일이다. 그럼에도 나는 특히 자기성찰이 강한 부류의 사람이기 때문에 실수와 잘못에 대해 엄격한 편이라 더욱 많이 볶아대는 기질이다.

스스로에게 늘 타이른다. 인생에서 중요한 것은 언제나 다음 샷이며, 다음 샷에서 성공하는 것이 훨씬 더 좋은 일이라는 것을 설득해본다. 그러나 뻔한 곳에서 나는 마음의 평화를 수시로 잃곤 했다. 그리해 나는 다음과 같은 원칙을 정하고, 작은 실수와 실망이 생겨날 때마다 나를 훈련한다. 소심한 내가 조금씩 바뀌어 이제는 제법 능숙하게 내 에너지를 활용할 수 있게 되었다. 나는 이것을 '밝음 경영' 이라고 부른다.

나는 우선 밝음 경영에 대한 나의 패러다임을 정립했다. 나의 가정은 이렇다.

"나는 이 우주를 항해하는 행성이다. 수없이 많은 다른 별들이 바로 내가 만나는 사람들이다. 사람은 우주를 닮았다. 따라서 나도 우주의 법칙에 따른다. 우주에는 밝음과 어둠이 있다. 어둠은 나의 약점이기도 하고 나의 문제점이기도 하고 나의 실수와 상처이기도 하다. 밝음은 나의 강점이며, 나의 성공이기도 하고 나의 감탄과 삶의 기쁨이기도 하다. 나는 늘 내 문제점을 해결하고, 잘못을 고치고, 못하는 것을 잘하도록 강요받고 있다는 생각에 지배되고 있다. 지금부터, 당장 이 생각을 뒤집도록 하자. 나는 어둠을 품은 밝음이다. 내가 가장 먼저 해야 할 일은 나의 밝음을 확산하는 것이다. 어둠을 지우는 대신 먼저 밝음을 키우는 것이 선행되어야 한다. 이것이 내 전략이다."

그리고 이 가정을 지지할 전술적 실행원칙을 신속하게 정했다.

첫째, 무슨 일을 계획하든 어두운 부분, 즉 문제를 먼저 고치려 하지 마라. 그 대신 밝은 부분, 즉 잘하는 일을 확장하는 것을 최우선 과제로 삼아라. 책을 읽고, 이론을 체계화하고, 글을 쓰고, 여행을 하고, 사람을 가르치는 일에 몰입하라. 그 일들이 내 하루를 지배하게 하라.

둘째, 잘하는 일에 몰입해 신속하게 작은 승리를 만들어내라. 승리는 가장 짜릿한 동기부여다. 1년에 한 권은 책을 내라. 책은 훌륭한 성과물이다. 한 해에 열 명씩 연구원을 배출

하고 프로그램을 돌려 절실한 젊은이들을 만나라. 사람이 남으면 성공한 인생이다. 1년에 두 번은 꽤 긴 여행을 가라. 자유를 즐길 수 있어야 자유인이다. 일주일에 세 번은 강연을 하라. 그러나 그 이상은 하지 마라. 아웃풋과 인풋의 균형을 잡아라.

셋째, 끊임없이 삶의 에너지를 주입하라. 에너지는 기분과 감정이다. 이론이 아니다. 그것은 감성이다. 따라서 끊임없이 삶의 기쁨을 느끼고 감탄이 많은 하루를 보내라. 더 많이 산에 다니고, 더 많이 새소리를 듣고, 더 많이 좋은 생각을 하고, 더 많이 꽃과 채소를 기르고, 뿌리가 젖을 정도로 물을 줘라. 사심 없이 새로운 사람을 만나고, 나이가 많아서도 새 친구를 사귀어라.

명심하자. 너무나 많은 자제력을 요구하는 극기 훈련은 삶의 기쁨을 앗아가 영혼을 지치게 한다. 자제력은 '하고 싶은 일을 하기 위해 에너지를 집중하기 위해서만' 쓰도록 해야 한다. 나는 하기 싫은 일을 해야 하는 데 써야 할 에너지를 비축하지 않는다. 사랑하고 좋아하는 일을 하는 데 에너지를 쓰는 것만으로도 나는 이미 지치기 때문이다.

나는 이 찬란한 봄에 감사한다. 밝음 경영은 내 안의 봄을 키우는 것이다. 내 안의 여름을 키우는 것이고, 내 안의 가을을 키워 열매 맺는 것이다. 겨울이 되면, 조용히 명상하듯 숙고해, 계획대로 되지 못한 일들에 대한 아쉬움과 집착과 미련을 떨어내는 것이다. 그리고 다시 봄과 함께 시작하는 것이다. 차원이 달라진 새로운 세상을 말이다.

즐거움이 즐거움을 이끈다

재미있는 일이 생기면 우리는 왜 웃을까? 우리는 왜 양쪽 눈을 동시에 깜박일까? 어른에게는 모든 놀라움이 익숙한 것이 된다. 놀라지 않는 것, 어쩌면 그것이 어른의 조건인지도 모른다. 세계는 너무도 익숙한 나머지 당연한 것이 되고 만다. 떨어지는 사과를 보고 평범한 사람들은 '왜?'냐고 묻지 않는다. '당연히 떨어져야지. 무거우니까.' 그들은 이쯤에서 만족한다. 바로 그쯤에서 결코 만족할 수 없었기에 뉴턴의 발견은 인류의 과학적 진보에 결정적 기여를 할 수 있었다. 이해관계가 아니라 오직 호기심으로 조건 없이 몰두할 때 우리는 다시 어린아이가 되어 사물을 새롭게 바라볼 수 있는 힘을 얻게 된다. 이 힘을 우리는 창의성이라고 부르며, 그것은 21세기 인

재들이 갖추어야 할 최고의 미덕이다.

창의성의 시작은 질문으로부터 온다. 철학은 '만물의 근원은 무엇일까'를 묻는 질문에서부터 시작되었다. 답이 중요한 것이 아니다. 좋은 질문이 위대하다. 우리 교육의 가장 큰 문제는 질문할 수 있는 호기심과 자유의 힘을 빼앗은 것이다. 너무도 빨리 정말 알고 싶은 것들을 제쳐두고, 아직 절실하지 않은 세상의 대답들을 외우게 함으로써 질문의 힘을 죽여버린다. 그러나 사회에 나오는 순간 학생들은 이 세상에 정답이란 애초에 없는 것임을 알게 된다. 그때그때 가능한 복수의 답들 중에서 하나를 선택하거나 몇 개의 가능한 답들을 융합해 새로운 답을 찾아내야 한다는 것을 깨닫는다. 답을 찾아가는 가장 중요한 과정은 적절하게 질문할 수 있는 힘이다. 질문이야말로 멋진 답으로 가는 마법의 길이다.

질문의 힘은 어디서부터 나오는 것일까? 익숙해 신기할 것이 없는 것을 낯설게 보는 훈련으로부터 온다. 나는 이것을 '시인의 시선'이라고 부른다. 수십 번 수백 번 보았지만 제대로 본 적은 한 번도 없는 것들에 우리는 둘러싸여 산다. 그러나 언젠가 한 번 제대로 보는 순간 우리는 느닷없이 재미있는 세상으로 인도된다. 시인처럼 익숙한 것을 낯설게 보기 위해서는 약간의 원칙을 정해 연습해보는 것이 좋다. 시를 재미있게 써서, '구라' 황석영 선생도 '내가 너에게 졌다'라고 항복할 만큼 입담이 걸걸한 후배 시인 이정록이 있다. 그의 시를 보면 시인의 시선을 갖기 위한 초보적 훈련의 교본을 찾을 수 있다.

첫째는 하나의 사물에 새로운 이름을 지어 불러보는 것이다. 그는 콘돔을 소재로 〈작명의 즐거움〉이란 시를 지었다. 콘돔을 대신할 우리말 공모 대상에 '애필愛必─사랑할 때 필수품'이 선정되었는데, 진짜 애필이라는 이름을 가진 사람들의 반대로 그만 무산되고 말았단다. 대상은 못 되었지만 수많은 가작들이 즐비했으니 대충 나열하면 다음과 같다. 똘이웃 고추주머니 밤꽃봉투 물안새 꼬치카바 거시기골무 여따찍싸 쭈쭈바껍데기 즐싸 솟아난열정내가막는다 등등. 그는 그게 시詩란다. 하나의 사물을 이리 보고 저리 보고 새로운 이름을 만들어낸다. 거기에서 새로운 시선이 자란다. 그러면 간단히 연습해볼까? 나는 나를 무어라 부르면 좋을까? 명함 속에 적힌 나를 대신할 새로운 이름의 나는 무엇일까?

둘째는 비교해보는 것이다. 도토리와 상수리는 어떻게 다를까? 이정록 시인은 이렇게 말한다. "드러누워 배꼽에 얹어놓고 흔들었을 때 굴러떨어지면 상수리, 잘 박혀 있으면 도토리. 귓구멍에 박아넣어도 쏙 빠지면 상수리, 큰일 났다 싶어지면 도토리. 줍다가 말벌에 쏘일 수도 있는 건 상수리, 땅벌에 쏘이게 되면 도토리. 떨어질 때 산토끼 다람쥐가 깜짝 놀라면 상수리, 아무도 모르면 도토리." 긴 설명으로는 지루하기도 하고 모자라는 것을 운율 타고 시처럼 읊는다. 이때 문득 삶은 시가 된다. 비교하라. 그러면 네가 내가 아니고 그가 내가 아니라 나는 유일하다는 것이 분명해진다.

셋째는 삶에 농弄을 치는 것이다. 웃음이야말로 순식간에 우리를 '문화적 복제'에서 떨어져 나오게 만든다. 웃음은 자유다. 어디서나 웃을 수 있다면 아직 삶이 자유로운 것이다. 나는 커다란 바위의 틈에 콩을 넣고 물을 주는 것을 보았다. 콩이 불어나 바위를 쪼개는 것을 보았다. 웃음은 삶의 중압과 스트레스라는 바위를 쪼갤 수 있는 콩이다. 다시 이정록 시인의 시에 이런 게 있다. "원고지를 처음 만난 건 초등학교 사학년 때다. 뭘 써도 좋다 원고지라는 걸 다섯 장만 채워 와라! 처음 원고지라는 걸 펼쳐보니 (10x20)이라 쓰여 있는 게 아닌가? 그럼 답은 200! 원고지 칸마다 200이란 숫자를 가득 써냈다. 너 같은 놈은 교사생활 삼십 년, 개교 이래 처음, 그로부터 십오 년 나는 작가가 되었다." 웃음이 울음이 되는 것이다. 또 울음이 웃음이 되는 것이다.

나이 들어 깨달은 것은 삶이란 눈물 콧물 웃음으로 사는 것이라는 자각이다. 아주 가까이서 그놈을 지켜보고 만져보고 말 시켜보고 핥아봐야 한다는 것을 알게 되었다. 처음 만나는 듯이 아주 낯선 얼굴로, 오늘 새로운 삶을 시작할 수밖에 없는 사람처럼, 그렇게 쳐다보아야 한다. 낯선 여인이 늘 신비하듯, 낯선 삶이 흥미진진하다.

늘 한두 가지를 생각하다

링친셴이라는 사람이 있다. 타이완에서는 잘 알려진 문인이다. 어느 날 그의 친구가 서재에 걸어두고 음미할 만한 좋은 글씨를 하나 써 달라고 부탁했다. 링친셴은 고민을 하다가 이런 글을 써주었다.

'常想一二'

늘 한두 가지를 생각한다는 말이다. 친구는 무슨 뜻인지 알 수 없어 그 뜻을 물었다. 링친셴은 이렇게 답했다.

"이보게, 세상에 뜻대로 안 되는 것이 열에 여덟아홉이라고 하지 않나. 그러니 뜻대로 되는 기분 좋은 일 한 둘을 늘 생각하고 그 일을 넓혀나가시게. 그러면 삶이 즐겁지 않겠는가?"

나는 링친셴의 위트 있는 조언이 마음에 든다. 스스로 즐거운 일을 넓혀가고 그 자족과 자신감을 확장해가다 보면 일터에서의 어려움과 고됨이 불평으로 남지 않을 것이다.

모든 리더십은 나로부터 시작한다. 내가 나를 이끌 수 있을 때 비로소 나는 나의 주인이 된다. 스스로를 이끌 수 있는 사람만이 남을 이끌 능력을 갖출 수 있다. 내가 나를 이끌 수 있는 것, 이것이 바로 셀프리더십self-leadership이다. 모든 주도적 인물들의 공통점이다. 제대로 된 자기계발서라면 나로부터 시작되는 리더십을 다루지 않은 책이 없다. 나로부터 확장되는 리더십에 대한 가장 훌륭한 조언 중의 하나는 '수신제가치국평천하修身齊家治國平天下'라는 유가의 사상이다. 그래서 나는 공자의 《논어》를 가장 오래된 최고의 고품격 자기계발서의 원형이라고 부른다. 모든 리더의 몰락과 비극은 자신을 다루지 못하면서 남을 다루려 하는 데서 비롯된다.

나 역시 마찬가지다. 애를 쓰지만 마음대로 되지 않는 일들이 때때로 나를 괴롭힐 때가 있다. 이루어지지 않는 일들에 연연해 노심초사하다 보면 잠을 설치기도 한다. 그때마다 나는 나를 달랜다. '모든 주어지는 것들에 대해 불평하지 말 것. 바라지 않았지만 주어진 상황을 교훈으로 전환시킬 것'을 나에게 주문한다. 좋은 일이 생기면 늘 감사하고 바라지 않던 일이 생기면 스스로 돌아보아 경계하고 반성할 것을 요구한다. 이때 비로소 나는 지금 내가 할 수 있는 즐거운 최선을 찾아 나서게 된다. 언제나 이런 정신적 전환에 성공하는 것은 아니다. 그러나 마음의 중심을 잡고 이런 수련에 익숙해지다 보면 조금씩 나아지는 것을 알 수 있다. 그러면 내 마음은 밝아진다. 내가 이런 전환에 성공하게 되면 나는 나를 칭찬해준다. 그리고 어제보다 조금 나은 사람으로 성장했다는 기쁨을 내게 선물한다.

정신적 태도를 전환하는 데 성공하면 우리가 객관적 상황이라고 규정한 내용조차 바뀌게 된다. 예를 들어 연애할 때, 우리는 상대에 관대하다. 음식을 먹다 좀 흘리면 그 실수에 본인만큼 당황해하며 얼른 휴지를 찾아 건네주고, 자동차 키를 잃어버리면 온갖 추리력을 동원해 즐겁게 주위를 뒤져 찾아준다. 그러나 결혼해 몇 년 살다 보면, 그 일로 싸우게 되기 십상이다. 상대가 음식을 흘리면 칠칠치 못하다고 말하고, 열쇠를 잃어버리면 머리 나쁜 새대가리라고 퍼부을 수도 있다. 똑같은 사람, 똑같은 상황이 벌어졌지만 서로를 대하는 정신적 태도가 달라졌기 때문에 생겨나는 불화다. 우리를 즐겁게 하거나 화나게 하는 것은 다른 사람들의 행동 자체가 아니라 그 사람을 바라보는 우리의 태도와 자세의 문제일 때가 많다. 따라서 우리의 정신적 태도를 바꾸어주면 전혀 다른 세상을 만나게 된다.

문제가 밖에 있다고 생각할 때 우리는 쉽게 문제 해결에 대한 책임으로부터 면제된다고 믿고 싶어 한다. 그렇지 않다. 문제가 밖에 있다면 내가 문제 해결을 위해 할 수 있는 일이 없다. 고작 불평과 변명을 늘어놓는 것이 전부일지 모른다. 문제가 내게 있다고 생각하는 순간, 그 해결의 열쇠는 내가 쥐게 된다. 그래서 주도적인 사람은 늘 자신을 돌아보아 어떤 상황에서도 자신이 할 수 있는 의미 있는 일을 찾아 나선다. 그들은 불평하지 않는다. 불평으로 해결되는 것이 없음을 알기 때문이다. 대신 자신이 즐겨 할 수 있는 일을 하고 마음의 평화를 찾아 나선다.

직장이 놀이터처럼 즐거우려면 우선 스스로 즐거워야 한다. 바라지 않았던 상황을 불평하는 대신 그 일의 좋은 면을 보고 그 점을 넓혀나가기 위해 자신이 할 수 있는 일을 만들어내자. 그리고 자신의 좋은 영향력이 퍼져나가는 것을 기뻐하자. 이때 직장은 품삯을 벌기 위한 노역의 장을 넘어 자신

의 능력을 보여주고 재능을 활용할 수 있는 즐거운 놀이의 장
으로 바뀐다. 호모 루덴스, 인간은 스스로 주도적으로 놀이를
즐길 줄 아는 동물이다.

내가 바라는 그 사람

분명하다. 누구의 삶이든 그 사람이 가장 잘하는 것이 나타날 때까지는 행복하지 않다. 나는 현실을 이야기처럼 만들고 싶어 하는 이상주의자이거나 이야기를 현실에 맞추려는 낭만주의자를 섞어놓은 사람이다. 그래서 변화를 다루는 일을 좋아한다. 그러나 조직 속에서 명령을 받으며 일하는 것은 싫어한다.

어느 날, 나는 글을 쓰고 싶었다. 소설이나 시는 아니었다. 나같이 그럭저럭 살고 있는 사람을 차가운 물속에 처박아 넣거나 가슴에 불을 싸지르는 작가가 되고 싶었다. 그것은 내가 그동안 해왔던 경영혁신과 변화경영의 개념과 잘 들어맞았다. 중요한 것은 회사원이 아니라 작가로 나를 바꾸는 것이었다. 명령하지도 지시받지도 않고 오직 내 마음의 흐름을 따라 자유롭게 일하고 싶었다. 첫 책《익숙한 것과의 결별》은 사실 내 가슴속에 불을 놓는 작업이었다. 그 책은 나를 위한 책이었다. 내가 최초의 독자였다. 그 후 나는 적어도 1년에 한 권씩 책을 냈다. 변화경영 전문가로 세상에 나를 세웠고 수없이 많은 강연을 했다. 언제가 가장 행복했느냐는 질문에 나는 언제나 지금이라고 말한다. 진심이다. 왜냐하면 글을 쓰고 강연하고 연구원들과 공부할 때 나는 가장 나다웠다.

하고 싶은 일을 하며 사는 것을 사치라고 여기는 듯하다. 다른 사람들이 생존에 매여 있을 때 자신의 삶을 즐기는 것은 어쩌면 팔자 좋은 불공평이라 생각할지도 모른다. 나는 그렇게 생각하지 않는다. 내가 인생에서 가장 잘한 일은 작가가 된 것이다. 그것밖에 잘할 수 있는 것이 없었다. 그래서 매달렸다. 다른 것에는 소질도 없었고, 잘할 수도 없었고, 자신도 없었기 때문에 내가 할 수 있는 것에 나를 걸었다. 그것은 사치가 아니라 내가 나로 살 수 있는 유일한 선택이었다.

사람들은 오히려 너무 쉽게 자신을 포기하는 경향이 있다. 매일 일을 하고 먹고 마시지만 정작 자신은 없는 공간에서 아무렇지도 않게 살아가는 듯하다. 나는 평범하고 내성적이고 잘하는 것이 별로 없는 사람이다. 세상에 영광스럽게 빛나 보이는 문들은 나에게는 다 닫혀 있다고 여기기도 했다. 변화경영에 대한 글을 쓰고 강연을 하는 작가로서의 내 인생은 나에게 열려 있는 유일한 길이었다. 그래서 어쩌면 그 길로 가는 것이 쉬웠는지도 모르겠다.

문이 열려 있는 곳, 갖고 있는 것을 가장 잘 쓸 수 있는 곳을 발견하면 그 일에 엎어져야 한다. 명예나 돈 때문만이 아니다. 그것이 천직이기 때문이다. 어느 날 어떤 일에 공명해 떨림을 얻게 되면 그 문 그 길로 들어서라. 의심하면 안 된다. 모두 버리고 그 길로 가야 한다. 그것이 바로 자기혁명이다.

책을 읽는 한 가지 방법

먼저 방에 처박혀

읽고 읽고 또 읽는 거야

그저 시간을 모두 읽는 데 쓰는 거야

물론 TV는 끄고

쓸데없는 모임을 끊어야지

끊을 때는

베틀에 짜던 실들을

일격에 쳐 없애듯 단호해야지

시퍼런 칼날 같아야지

그리고

제대로 된 놈이 쓴 제대로 된 책을 읽는 거야

마음에 드는 작가 놈의 책을 모조리 읽는 거야

그놈을 읽을 때는 그놈만 들이파야 해

처마 끝 낙수가 돌을 뚫듯

활을 잡고 과녁을 삼킬 듯 빛나는 눈으로

붙잡은 그놈

그놈만 물고 늘어져야 해

딴 놈은 절대 기웃거려서는 안 돼

그다음에는

그놈이 읽은 책들로 다가가

모조리 읽어치워야 해

사흘을 굶은 놈이 음식을 탐하듯

모두 먹어치워야 해

펑 하고 배가 터지듯

단단한 돌머리가 깨지고

정신이 깨어 차원이 달라지면

마음이 즐거워져

잃어버린 마음이 되돌아오듯

알 수 없는 기쁨으로 그득하게 돼

세상이 보이듯 눈이 밝아지는 거야

오, 깨달음만이

깨달음을 불러오고

다른 차원만이

이전의 차원을 버리게 해

잡다하게 구걸한 지식으로는

지혜에 닿을 수 없어

용맹정진 하는 선사처럼

눕지 않고 자지 않으니

매와 호랑이처럼 사납지 않고는

돌고 도는 게으름을 벗어던질 수 없어

다른 세계로 들어갈 때

우리는 늘 이렇게 해

먼저

다 버리고 하나만 남겨

오직 하나의 초점에 집중해

모기가 쇠가죽을 뚫듯

온몸으로 돌파하는 거야

꿈을 품은 명함

그의 명함에는 이렇게 쓰여 있다.

'최고상상책임자Chief Imagination Officer'

얼마나 멋진 단어인지 나는 보는 순간 그의 책을 사서 읽었다. 그의 이름은 롤프 옌센이다. 《드림 소사이어티》의 저자이기도 한 미래학자다. 나는 그를 만나본 적은 없지만 만나면 금방 좋은 친구가 될 수 있을 것이라 생각했다. 나의 명함에는 '변화경영 전문가'라고 쓰여 있고 내 직업의 비전이 함께 적혀 있다.

'우리는 어제보다 아름다워지려는 사람을 돕습니다.'

사람들은 내 명함에 적힌 슬로건을 좋아한다. 명함을 보는 순간, 내가 무슨 일을 하는 사람인지 금방 알게 되는 것 같다.

그래서 실제로 나는 이 명함 덕을 많이 보았다.

어쩌면 당신은 명함이란 그저 회사에서 만들어주는 것이라고 생각하고 있는지도 모르겠다. 회사가 배치한 부서에서 회사가 인정한 직위가 적혀 있는 바로 그 명함, 그것이 명함의 전부라고 생각하는지도 모르겠다. 그러나 그 명함에 갇히는 순간 여러분은 다른 사람이 규정한 틀에 갇히게 된다. 그리고 창의성과는 멀어져 어제의 일을 다시 반복하게 된다. 나는 거부한다. 명함은 자유다. 그러니 그 뻔한 명함 말고, 당신의 자유를 담은 명함 하나를 별도로 만들어보라는 것이다. 그리고 회사 명함과는 다른 또 하나의 정체성을 당신의 지갑에 담아두었다가 마음이 통하고 말이 통하고 꿈이 통하는 사람에게 "이게 나요" 하고 웃으며 건네주라는 것이다.

나도 새해에는 명함을 좀 바꾸어볼까 한다. 10년 전 나는 40대 중반에 나를 '변화경영 전문가'라고 부르며 1인 기업가로 독립했다. 10년이 지나 이제 50대 중반이 되었다. 이제부터 스스로를 '변화경영 사상가'로 부르려고 한다. 전문가에서 사상가로 진화하고 싶기 때문이다. 그리고 그 이후 언제부터인가는 '변화경영의 시인'으로 불리려고 마음먹고 있다. 그러고 보니 내 명함은 현재를 담고 있다기보다는 늘 내 꿈을 담고 있었던 것 같다. 내가 롤프 옌센의 명함을 보는 순간 반가웠던 이유는 우리가 같은 부류의 사람이라는 것을 확인했기 때문인지도 모른다. 우리 모두 명함에 미래를 담고 사는 사람들인 것이다. 여기에 걸맞은 영문 이름을 지금 구상 중이다. 이런 것은 어떨까? Chief Change Officer 약간 표절 같다. 그리고 밋밋하다. 그러면 이런 건 어떨까? Chief Revolution Guerrilla 이건 너무 급진적인가? 그럼 이건? Change Philosopher 마음에 들긴 하는데 조금 무거운가? 아니면 이건 어떨까? Thought Revolution Dreamer, 이거 괜찮다. 감이 온다. 일단 후보에 올려두고 더 생각해보자. 나는 꿈꾸는 사고 혁명가가 좋다.

나는 늘 나를 가지고 무엇을 만들 수 있는지 생각해본다. 한때 나는 역사가가 되고 싶었다. 그것이 유일한 바람이었다. 그러나 그렇게 되지는 못했다. 여러 가지 사정으로 학업을 계속할 수 없었다. 그때 나는 매우 실망했고, 무기력해졌다. 꿈이 사라졌기 때문이다. 몇 년 동안 아무 생각 없는 직장인으로 살았다. 그저 아무 생각 없이 하루를 지낼 수 있다는 것이 오히려 위안이었다. 그러다가 나에게 물려 나를 바꾸고 싶었기 때문에 경영혁신실에서 내 20년 직장생활의 대부분을 보냈다. 그리고 어느 날 나는 작가이며 변화경영 전문가로 나를 만들었다. 마치 오랜 시간이 걸려 하나의 건축물이 만들어지듯 나는 인문학의 바탕 위에 서 있는 변화전문가라는 건물이 되었다. 그것은 재능이라는 골조로 지어졌고, 취향이라는 마감재로 모양을 갖추었다.

지금 나는 역사학자가 되지 않은 것에 대해 다행스럽게 생각한다. 나는 과거를 현재로 데려오는 것보다는 현재를 미래로 데려가거나 미래를 현재로 데려오는 것에 훨씬 더 적합한 사람이라는 것을 깨닫게 되었기 때문이다. 이상주의자는 이야기를 현실로 데려오는 사람이고, 낭만주의자는 현실을 이야기처럼 살려는 사람이다. 그런 의미에서 나는 이상주의자이거나 낭만주의자다. 그러나 오랫동안의 직장생활을 통해, 현실성이 보완된 것 같다. 그래서 나는 나를 현실적 이상주의자로 부른다. 그래서 나는 외친다. "꿈을 꿀 때는 영원히 살 것처럼 불가능한 꿈을 꿔라. 그러나 그 꿈을 실천할 때는 내일이 없는 사람처럼, 오늘 죽을 것처럼 살아라." 나는 삶의 모순과 딜레마가 좋다. 나이가 들면서 '우리 안에는 모순을 융화하고 조화시킬 수 있는 힘이 있다'는 믿음을 더 많이 갖게 된 것 같다. 이 갈등과 모순이야말로 진보와 진화의 원동력이며 에너지라는 것을 알게 된 것이다.

과거를 팔 수 있으면 과거를 팔자. 그러나 미래를 팔 수 있으면 그 미래를 팔자. 명함에 꿈을 새기고, 그것이 기쁨이 되게 하자. 꿈의 명함을 만들면서 세 가지 생각을 던져버리자. '다른 사람이 나를 어떻게 생각할까?' 하는 생각은 개에게나 던져주자. 나는 나의 삶을 사는 것이니까. '나에게 그런 능력이 있을까?' 하는 생각은 호랑이가 물어 가게 하자. 마음의 심연에서 우러난 생각은 내가 가진 능력을 비추는 요술거울이니까. '내가 지금 무슨 짓을 하고 있는 거지?' 라는 생각은 거리를 지나다 떨고 있는 사람에게 겉옷을 벗어주듯 벗어버리자. 하고 싶은 일을 한 번도 해보지 못한 사람은 결국 인생을 후회할 테니까. 한번 해보고 싶은 그것을 명함에 새겨 넣자. 화장실에서도 꺼내 보고, 차를 타고 여행할 때도 꺼내 보자. 길을 가다가도 문득 가로수 아래서 꺼내 보자. 어디서나 나를 만나면 주머니 속을 뒤져 이 명함을 꺼내 보자. 매일 매 순간 그 일을 그리워하는데 이루어지지 않는다면 이상한 일이 아닐 수 없다.

자나 깨나 로또를 바란다면 이루어지지 않을 것이다. 내가 나에게 줄 수 있는 선물이 아니기 때문이다. 자나 깨나 신에

게 기도한다면, '기도가 이루어지게 행동하라' 는 답을 얻게
될 것이다. 신이 우리에게 꿈을 주었으니, 우리의 의무는 몸
을 움직여 그 일을 매일 하는 것이다. 그러면 우리가 바라는
사람이 되어 있을 것이다. 나는 이 건강한 방정식을 의심하지
않는다.

내일 죽을 것처럼 산다

《그리스인 조르바》에서 작가 카잔차키스는 이야기를 하나 들려준다. 조르바는 살구나무 묘목을 심고 있는 노인에게 다가가 왜 묘목을 심고 있느냐고 물었다. 노인이 대답한다.

"나는 결코 죽지 않을 것처럼 삽니다."

그러자 조르바가 말한다.

"나는 내일 죽을 것처럼 삽니다."

어떤 대답이 더 훌륭한 삶의 태도일까? 당신은 누구처럼 살고 싶은가? 누구의 삶에 당신은 경도되는가? 모순처럼 생각되어 답하기 어려운가?

이 대화처럼 전략과 실천의 문제를 통쾌하게 밝혀둔 예시를 나는 알지 못한다. 삶의 전략을 세워 준비할 때는 마치 영원히 살 것처럼 원대한 꿈에서 시작하라. 그리고 모든 준비는 그러한 원류의 광대무변함에서 시작하라. 그러면 삶과 일을 넓게 볼 수 있다. 그러나 하나하나 실천할 때는 '나에게 내일은 없다'는 마음으로 일을 무찔러가야 한다. 그래야 날뛰는 일에 고삐를 채워 내 성공에 봉사할 수 있게 만들 수 있다.

준비─영원히 살 것처럼 계획하라

씹을 수 있는 양보다 더 많이 베어 물어라. 그런 후에 씹어라. _알퐁스 플레처(플레처 에셋 매니지먼트사 CEO)

이 세상에서 가장 쩨쩨한 것이 월급쟁이다. 고작 다른 사람이 시키는 일이나 하고 품삯을 벌어 사는 사람이기 때문이다. 월급쟁이는 기껏 해보았자 남의 집 종에 불과하다. 심한 말이라고? 천만에, 나는 '종놈'이라고 부르고 싶은 것을 참고 있을 뿐이다. 그러나 모든 직업인들이 다 그런 것은 아니다. 주인 같은 아니, 그 조직의 진짜 주인이 되어 일하는 사람들을 알고 있기 때문이다. 다른 사람이 내 운명을 쥐고 흔드는 것에 분개하라. 그리고 지금 당장 내 삶이 구축될 수 있는 원대한 건축 계획에 돌입하라.

계획의 가장 상위 개념은 비전이다. 내 삶과 직업에 대한 비전을 자신의 언어로 표현하라. 예를 들어 나는 내가 좋아하는 변화경영 분야에서 세계 최고의 전문가 중 하나가 되겠다는 비전을 세워두었다. 그리고 그것을 내 언어로 '우리는 어제보다 아름다워지려는 사람을 돕습니다'라고 정의해두었다.

두 번째 단계는 적어도 그 비전을 이루기 위한 10년의 계획을 세우는 것이다. 내 인생을 빛내는 열 개의 찬란한 풍광을 만들어내라. 이것을 나는 '묘목 심기'라고 부른다. 예를 들어 나는 10대 풍광의 하나로 '죽을 때까지 매년 한 권의 좋은 책을 펴내는 것'을 잡아두었다. 또 10년 동안 100명의 제자를 키우고, 각자 적어도 한 권의 훌륭한 책을 써내게 도와주어 100명으로 이루어진 훌륭한 지적그룹으로 자라 서로 돕도록 하려 한다. 이런 일들이 이루어질까? 틀림없이 그렇게 될 것이다. 오히려 묻고 싶다. 안 될 이유가 어디에 있는가? 좋은 준비는 근거 있는 믿음으로 이어진다.

실천―오늘 죽을 것처럼 살아라

당연히 해내야 할 일은 반드시 해내겠다고 결심하라. 그리고 결심한 일은 반드시 실천하라. _벤저민 프랭클린

준비 작업이 끝나면 그 일에 나를 모두 다 쓰자. 실천이란 실제로 전투와 같다. 내가 세워둔 10대 풍광을 이루기 위해 매일 치러야 하는 전투 말이다. 전투란 말 그대로 피와 땀으로 치러진다. 힘들고 벽에 부딪힐 때마다 이렇게 생각하자. '어려움과 대면할 때마다 용기 있는 사람은 자신을 더 강한 사람으로 만들기 위해 그 고난을 이용한다. 그러나 겁쟁이들은 어려움이 닥치면 그것을 포기의 이유로 생각한다.'

실천단계 1 · 워밍업 한 달이 시작되는 날, 그 달의 달력을 노려봐라. 그리고 네 개의 날을 찍어라. 어느 날이든 마음에 드는 날을 골라라. 대략 일주일에 하루를 골라라. 그다음 그날을 '집중의 날'이라고 불러라. 그 전날 전투에 나가듯 마음을 가다듬고 일찍 잠자리에 들어라. 그날이 오면 이른 아침 일어나 샤워하고 옷장에서 가장 멋진 옷을 골라 차려입어라. 그리고

잠시 책상에 앉아 그날 달성해야 할 업무 목표를 정하라. 그리고 최대한의 추진력으로 일을 처리하라. 마치 풀 스피드로 자신의 기록을 갱신하듯 냅다 달려라. 냉혹하리만큼 집중적으로 시간을 써라. 잡담을 금지하고 그날은 오직 자신이 정한 그 목표에 매달려 여덟 시간을 온통 전력을 다해 써라. 당신 스스로 놀라게 하라. 스스로 놀란 다음에야 비로소 상사를 놀라게 할 수 있고 동료를 놀라게 할 수 있다.

실천단계 2 · 남과 경쟁하기 추진력을 발휘할 때는 역할모델을 정하라. 멀리서 찾을 필요가 없다. 회사 내에서 가장 강렬하게 미친 듯 일하는 것으로 정평이 나 있는 사람 하나를 찍어라. 그리고 '집중의 날'에는 그를 추월하라. 말하자면 달리기할 때 옆에 같이 전력 질주하는 사람 하나를 두고 있어야 전의가 솟아나듯 그런 사람 하나를 염두에 두고, '집중의 날'에는 반드시 그를 추월해 승리를 만끽하라. 승리의 맛, 그것보다 중요한 자신감의 원천은 없다.

실천단계 3 · 상황에 도전하기 상황과 환경이 실천을 가로막는 경우가 있다. 마치 호랑이 입안에 머리를 들이미는 것처럼 두렵

고 답답할 때가 있다. 그럴 때는 목구멍 안으로 머리를 불쑥
더 쑥 밀어 처넣는 것이 훨씬 좋다. 호랑이가 숨이 막혀 움찔
해 뒤로 물러나도록 말이다. 터키 이민자의 자녀인 스물다섯
살의 디뎀 엘탑은 세계은행에서 일하고 싶었다. 그러나 나이
도 어리고 겨우 학사 출신이라 기회가 주어질 것 같지 않았
다. 그녀는 무보수로 일하겠다는 제안을 했다. 은행 관리자들
이 말렸지만 그녀는 결심을 굽히지 않았다.

"일단 그곳에 발을 들여놓을 수 있다면 경력을 쌓을 수 있
을 거라고 생각했습니다."

두 달 후 그녀는 임금을 받기 시작했고 알제리와 모로코의
분석가로 일하게 되었다. 이룰 수 없는 꿈을 가져라. 그리고
불리한 상황이 앞을 막으면 물러서는 대신 한 발만 더 나아가
라. 호랑이의 목구멍 속으로 더 무찔러 들어가 그놈이 물러서
게 하라.

실천단계 4 · 자신과 경쟁하기, 습관화하라 일단 다른 사람을 이기는
맛을 보고 상황과 싸우는 법을 터득하게 되면 최강의 인물에
게 도전해보아야 한다. 누구일까? 바로 '어제의 나'다. 이겨
야 할 것은 남이 아니라 바로 과거의 나인 것이다. 이것이 진

보의 원리다. 도요타는 다른 경쟁사들을 추월한 다음 스스로 경쟁의 목표를 정했다. '타도, 도요타'. 극적으로 나를 넘어서라. 10대 풍광의 각각의 장면마다 '단순한' 실천원칙을 정하고 나를 다 걸어라. 오래가려면 단순해야 한다. 단순한 것이 힘이 세다. 예를 들어 나는 1년에 한 권 좋은 책을 쓰기 위해서는 '매일 써야 한다'는 단순한 원칙을 정하고, 새벽에 일어나 날마다 두세 시간 정도 글을 쓰도록 나를 프로그래밍해 두었다. '새벽 글쓰기'라는 원칙은 습관화되었다. 일단 새로운 습관으로 정착하면 계획이 90퍼센트 이상 성취되리라는 것을 믿을 수 있게 된다. 믿을 수 있는 계획은 세워지는 순간 이미 실천된 것이다.

다시 조르바의 "나는 내일 죽을 것처럼 삽니다"를 기억하자. 이 말은 일상의 언어로 조금 바꾸어 말하면 이런 뜻이나 마찬가지다.

"일할 때는 가족 생각을 하고, 가족과 함께 있을 때는 일을 생각하는 사람들은 아무것도 성취할 수 없다. 그들은 온전히 어느 순간도 즐기지 못한다. 단지 떠돌이일 뿐이다."

지금, 여기에 모두 다 걸어라. 실천이 목표를 얻기 위한 수

단이라 생각하지 마라. 실천은 지금을 즐기는 것이다. 즐기지 못하면 목표만 남고 삶은 사라진다. 지금 내가 갖고 있는 이 순간을 온전히 소유하기 위한 자발적 속박이 바로 건강한 실천인 것이다. 그때 우리는 조르바처럼 말할 수 있다.

"나는 내일 죽을 것처럼 산다."

그리고 내 삶은 흥겹다.

변화의 두려움에 대하여

여행을 떠날 때 얼마나 큰 짐을 들고 가는가? 짐의 크기는 여행에 대한 두려움의 크기다. 나는 나만의 짐 싸는 방법이 있다. 여행을 가기 며칠 전부터 가방 하나를 서재 바닥에 놓아둔다. 활짝 열어놓는다. 그리고 생각날 때마다 가져가야 할 것들을 던져 넣는다. 책도 넣고 작은 수첩도 넣는다. 우산도 넣고, 속옷도 넣는다. 물론 내가 좋아하는 모자도 넣어둔다. 이것저것 넣다 보면 하루 이틀 지나 가방이 제법 찬다. 그곳에서 하고 싶은 것을 상상하는 동안 짐은 조금씩 늘어난다. 비치를 상상하면 수영복을 챙겨 넣고 선크림도 추가한다. 상상의 크기가 짐을 늘린다. 이렇게 짐들은 살림이 늘듯 가방 속에서 점점 쌓인다. 막상 떠나기 전날, 내가 하는 일은 불필요한 것들을 다시 빼내는 것이다. 얼마까지 줄일까. 가방 크기의 반, 이것이 내 목표다.

이런 짐 싸기를 즐기는 이유가 있다. 첫째는 스타일이 그렇다. 정해진 시간 내에 엄청난 효율성으로 일을 처리하는 스마트한 재능이 나에게는 없다. 그러니까 한마디로, 이것저것 따질 것 없이, 제 생긴 대로 짐도 싼다. 둘째, 여행의 즐거움을 더 키우기 위해서다. 여행의 반은 떠나기 전 설렘의 맛이다. 여기를 떠난다는 것, 그 자체가 커다란 기쁨이다. 그러니 가방을 펼쳐놓고, 그곳에서 있을 일을 상상하며, 생각나는 것들을 던져 넣는 기쁨을 만끽하는 것이다. 셋째, 가방 크기의 반만 채우는 이유는 여행에 가서 뭔가 채워 오기 위해서다. 꼭 뭔가를 사 오겠다는 것이 아니다. 그곳의 공기도 좋다. 그저 내가 가는 그곳에 대해 내 정신은 가방만큼 열려 있어, 받아들일 준비가 되어 있다는 나만의 상징적 의식이다. 나는 떠나기 전에 불편과 필요에 대비하기 위해 가방을 꽉 채우지 않는다. 내가 엉성하듯 가방도 늘 엉성하다.

아직도 사람들은 종종 내게 묻는다. 멀쩡한 회사를 나오는 것이 두렵지 않았느냐고. 회사를 그만두고 얻은 두 가지 병이 있었다. 하나는 불면이었다. 알 수 없는 불면이 종종 며칠씩

나를 덮쳤다. 겉으로는 태연한 듯했지만 내 무의식은 사회 속에 홀로 던져진 가족에 대한 근심으로 가득했나 보다. 불면은 그런 모습으로 몇 년을 갔다. 또 하나는 닥치는 대로 신간 서적을 읽어대는 것. 아마추어에서 돈을 버는 프로로 옮겨가면서 변화와 관련된 모든 책, 새로운 트렌드와 연관된 모든 책, 직장인들이 보는 모든 책을 보지 않으면 안 된다는 강박에 시달렸다. 어떤 해는 천 권쯤 읽은 것 같다. 책 읽기는 즐거움이 아니라 서류를 읽고 도장을 찍어야 하는 사람의 의무처럼 되었다.

그렇게 또 몇 년이 갔다. 한마디로 덮어둔 두려움의 횡포 시대였다. 지금은 그렇지 않다. 그 모든 책을 읽지 않아도 된다는 것을 알게 되었다. 나는 다시 독서의 즐거움으로 되돌아왔다. 읽고 싶은 책을 읽고, 한 번 본 책을 여러 번 보고, 한꺼번에 여러 권의 책을 이리저리 보는 제멋대로 독서를 즐기고 있다. 물론 잠도 잘 자고 있다. 걱정한다고 해서 이미 벌어진 일이 일어나지 않은 것이 되거나 반대로 일어나지 않을 일이 생겨나는 것은 아니니까 말이다.

그리해 나는 알게 되었다. 변화할 때는 두려움을 즐겨야 한다는 것을. 그것은 일종의 흥분이며, 삶의 엔도르핀이며, 살아 있는 떨림이라는 것을. 일이 꼬이면, 비로소 어떤 기막힌 스토리가 나를 찾아오려는 조짐이라 생각하라. 가난이 두려워질 때는 10년을 기약하라. 한두 번의 실패나 실수로 불운의 예감에 시달릴 때는 성패는 이미 쓰여 있다는 진리를 믿으면 마음의 평화를 얻을 수 있다. 반대로 일이 계획대로 잘되면, 떠날 때가 되었다는 것을 알면 된다. 인생은 봄처럼 짧다. 인생을 잘 사는 법은 하고 싶은 일을 하며 사는 것이다. 그러니 그렇게 하면 된다. 두려움은, 두려움에 대한 두려움으로만 증폭된다.

한 번도 되어보지 못한 사람 _버나드 쇼

그는 소설에서 패배했다. 쓰는 족족 관심을 받지 못했다. 그러나 마침내 《인간과 초인》으로 대성하면서 극작가로 유명해졌다. 1925년 노벨 문학상을 받았다. 그가 바로 조지 버나드 쇼다. 그는 말한다.

"인생은 너 자신을 발견하고 찾아가는 것이 아니다. 네가 원하는 모습대로 너를 창조해내는 것이다."

나는 오늘 생각한다.

언젠가 콜럼버스가 서쪽으로 서쪽으로 가면 드디어 동쪽에 이르리라는 우스운 생각을 품게 되었을 때, 새로운 세계가 발견되었다. 모든 배는 결국 바다가 끝나는 그 끝에서, 폭포처럼 떨어져 죽게 되리라는 상상의 두려움을 넘어설 때, 새로운

대륙들이 발견되었다. 그리해 위대한 대항해의 시대가 꽃을
피웠다.

창조란 무에서 유를 만들어내는 것이 아니다. 길들여진 생
각이 미처 찾아내지 못한 것들을 찾아내어 새롭게 연결시켜
주는 것이 창조다. 나의 창조, 그것은 내 속에 머무는 잠재태
를 이 세상으로 불러내 현실과 다시 연결하는 것이다. 심연에
숨어 있으나 끝없이 밖으로 나오려고 애쓰는 것들, 바로 새로
운 내 세상의 발견, 이것이 창조가 아니고 무엇이랴. 모든 창
조는 발견의 기쁨 '유레카'를 떠날 수 없다.

다시 이 유쾌한 극작가는 임종에 즈음해 말한다. "내가 다
시 산다면, 될 수도 있었으나 한 번도 되어보지 못한 사람으
로 살고 싶다." 나는 오늘 말한다. 그래 그렇게 살아도 좋겠구
나. 오늘, 한번 해보고 싶었으나 한 번도 해본 적이 없는 일을
해봐야겠다.

우리가 뛰어오를 때

여행을 하다 보면 목적지가

점점 멀어지는 것을 느낄 때가 있어

밤이 저물어가면 더욱 두려워져

도착하지 못하는 것은 아닐까

두려움 속에서 문득 깨닫게 돼

여행의 목적지는

바로 여행이라는 것

지금 이곳

걷고 있는 나

황혼

그리고 출출함

이 모든 것들이 곧 여행이라는 것을 알게 돼

가야 할 곳이 바로 여기라는 것

삶의 목적이 살아 있다는 체험인 것을

천둥처럼 알게 돼

한 순간이야

빛과 같아

세상을 살던 방식을 버리는 순간

버리는 그 찰나의 순간

한 세상이 무너져 내리고

한 세상이 태어나는

개벽의 시간

삽시간이야

날개가 생긴 새가 절벽을 뛰어내리고

사자가 잡은 동물의 머리를 단숨에 바수듯

선사가 크게 소리쳐 "할"

첫 꽃이 터지는 굉음처럼

새 세상은

단박에 열리는구나

자신의 과거와 경쟁하라. 다른 사람과의 경쟁은 언제나 우리를 불편하게 한다. 그러나 자신의 과거와 경쟁하는 것은 적을 만들지 않고, 스스로 나아지는 방식이다. 승리하면 스스로 기뻐할 수 있고, 아무에게도 상처를 주지 않으며 모든 이의 찬사를 받을 수 있다. 가장 어려운 싸움은 자신과의 싸움이며 가장 가치 있는 진보는 자신의 어제보다 나아지는 것이다. 적은 없고 추종자가 많아지는 승리처럼 운 좋은 성과는 없다.

여름–
아름다운 정의

스스로를 고용하는 자

자기를 고용하는 법을 깨달은 사람들은 그동안 여러 가지 이름으로 불렸다. 찰스 핸디는 벼룩이라고 상징화했다. 기업이 코끼리라면 개인은 벼룩이라는 것이다. 대니얼 핑크는 프리 에이전트free agent라고 불렀다. 한 직장에 매인 정규직이 아니라 자유로운 계약자들이라는 것이다. 톰 피터스는 '내가 곧 기업I, The Company'이라는 1인 기업가의 개념을 끌어들였다.

이들 이름의 대비가 흥미롭다. '코끼리와 벼룩'의 은유에서 가장 중요한 기준은 크기다. 코끼리의 활동 범위를 벗어나 있는 틈새시장에서 활약하는 작은 존재로서의 개인이 앞으로 자신에게 가장 적합한 직업세계를 구축하게 될 것이라는 메시지다. 그런가 하면 '프리 에이전트'라는 개념은 계약관계의 창조적 단기성에 주목한다. '회사에 충성하라. 그러면 안정적이고 장기적인 고용을 보장해주마'라는 평생 직장의 암묵적 계약이 사라진 사회에서 개인은 한 회사에만 충성하며 근무할 수 없다. 결국 직장과 직장을 전전하며 새로운 유목민으로 살아갈 수밖에 없게 될 것이므로 조직의 사다리를 타고 오르는 노력 대신 자신을 스스로 차별적 전문가로 계발하는 것이 현명하다. 그런가 하면 '1인 기업가'라는 개념은 개인과 기업의 통합을 모색한 개념이다. 개인 자체가 곧 가장 작은 최소 기업단위다. 모든 직업인은 시키는 일을 하는 피고용자가 아니라 자신의 비즈니스를 경영하는 야심 찬 기업가다.

나는 이 세 가지 개념이 미래의 직업에 대단히 중요한 키워드를 하나씩 제공해준다고 생각한다. 틈새시장, 전문성, 기업가라는 자각 말이다. 나는 20년 직장생활을 마친 후, 10년 동안 변화경영이라는 틈새의 벼룩이었고, 매년 관련 분야의 책을 써내는 전문인으로 연구해왔고, 1인 기업가로 살아왔다. 이 개념들은 한 직장인이 앞으로 직업세계를 구축하는 전략을 구상할 때 대단히 소중한 것들이지만, 일반 직장인들이 선뜻 다가서기에는 절실함과 접근성이 떨어진다는 것을 깨달았다. 특히 '1인 기업가'는 훌륭한 개념이지만 직장을 나와 자신의 비즈니스를 시작한 사람이라는 오해로부터 자유롭지 못하다. 어떻게든 직장 속에서 안정적인 수입을 얻으려는 직장인에게 1인 기업가는 퇴직 후에 찾아오는 먼 미래의 불안과 혼재된 개념으로 다가설 수밖에 없다는 것을 알게 되었다. 개념은 존재하나 행위가 촉발되지 않는다면 현실의 절박함을 담아내는 새로운 개념이 필요할 것이다. 나는 당장 행동할 수 있는 개념을 만들어내고 싶었다. 지금 행동하지 못한다면 언제 내가 바라는 그것이 될 수 있겠는가!

직장인들이 자신을 계발하는 가장 훌륭한 수련원은 바로 직장이라는 현장이다. 따라서 '지금, 여기, 내가 매일 하고 있는 일상의 업무'를 전략적으로 재구성하고 이를 창조적으로 집중 계발해 '스스로를 고용하는 자'가 되는 것이 가장 현실적이고 우선적인 목표다. '스고자(스스로를 고용하는 자)'들은 고용이라는 키워드를 떠나지 않는다. 고용은 곧 밥이다. 밥보다 절실한 것이 어디 있겠는가? 고용이라는 측면에서 기업에 고용된 사람이 바로 직장인이다. 그러나 고용 상태는 안정적이지 않다. 기업의 경영 상태에 의존하고 기업 환경에 좌우되는 지진대 위에 축조된 건물처럼 불안정한 고용에 불과하다. 수시로 구조조정이 가능할 뿐 아니라 본질적으로 고용 자체가 단명이다. 일반 기업에서의 고용은 길어봐야 25년 전후 동안만 유효할 따름이다. 그나마 기업들이 좀 더 젊은 조직을 원하기 때문에 고용 기간도 짧아지는 추세다. 고용은 불안정하고 고용 기간은 짧아졌는데, 수명은 100년을 코앞에 두고 있다. 인생의 4분의 1에 해당하는 기간만 겨우 불안정한 고용에 의존하는 것이 직장인들이다. 그러므로 고용 상태를 안정적으로 길게 가져가는 것이 화급한 과제다.

몸이 어디에 있든, 하고 있는 일이 무엇이든 자신이 지금 하고 있는 현업을 자신의 비즈니스로 인식하고, 차별적 서비스를 제공하려는 경영자의 마인드를 가진 직업인은 모두 '스고자'다. 스고자는 자신이 월급쟁이가 아니라 스스로 자신의 일을 창조하고 경영하는 직업인이라는 깨달음으로 무장되어 있다. 직장인이라도 일상의 직무를 자신의 비즈니스로 인식하고 이 바탕 위에서 현업의 전문성을 강화하고 스스로를 차별화해 세상에 자신의 브랜드를 알리려는 사람들은 모두 '스고자'다. 자신이 고용자이며 동시에 피고용자인 사람이 바로 '스고자'다. 회사의 안과 밖에서 스스로 평생 직업을 만들어내려는 창조적인 사람들인 '스고자'들은 앞으로 분명한 직업적 대안이 될 것이다. 이렇게 될 때, 전반기 25년의 회사 시대와 퇴직 후 또 다른 25년의 제2의 창업 시대를 유기적으로 연결하는 '50년 경제활동 모델'이 준비되는 것이다.

모든 사람이 이 전환에 성공하는 것은 아니다. 아마 10퍼센트도 넘지 못할 것이다. 그럼에도 이 대안은 기업이 책임질 수 없는 곳, 정부가 지원할 수 없는 곳, 사회가 도와줄 수 없는 곳에서 스스로의 힘으로 자생하고 성장하려는 사람들의 비전이라는 점에서 중요하다. 그것은 사회적 현실 속에서 힘센 하이에나가 먹고 난 찌꺼기로 연명하는 졸병 하이에나이기를 거부하고 홀로 사냥하는 표범이나 호랑이가 되는 것을 의미한다.

나는 '스고자(스스로 고용하는 자)'인가, 아니면 겨우 그들에게 속한 '고된자(고용된 자)'인가?

직업의 세계에서는 이 질문에 대한 대답이 곧 지금의 내 삶을 결정한다.

그대들의 휴가는 아름다웠는가

나에게는 약간의 방랑벽이 있다. 나는 길 위에 있다는 것을 잘 견디고 즐기는 편이다. 그래서 멀리 가서 강연하는 것을 좋아한다. 강연을 하러 가는 여정은 내게 훌륭한 여행이 되기도 한다. 마침 호주에서 강연 요청을 받았다. 여름휴가 기간과 겹쳐 나는 아내와 동행했다. 두 번 기내식을 먹고 한두 편 영화를 보고 가져간 책의 수십 페이지를 읽고 한잠 자고 나니 시드니에 도착해 있었다.

10년 만에 네 번째로 오는 시드니다. 시드니 공항의 아침은 붐볐다. 아마 호주로 오는 비행기의 반 이상이 아침에 이렇게 겹쳐 오는 모양이다. 공항은 작고 초라해 보였다. 인천 공항을 떠나 도착한 시드니 공항은 옛날 우리의 김포 공항처럼 느

껴졌다. 시드니 올림픽 때 증설을 하고 리노베이션을 한 것이
이 정도다. 리노베이션의 기술 역시 변화의 가속성을 보이고
있었다. 1990년도의 기술과 2000년 이후의 기술은 어느 분야
에서나 현격한 차이를 보인다.

우리를 픽업한 가이드는 내게 호주에 대한 잡학 몇 개를 얼
른 말해주었다. 호주에는 2,000만 정도의 인구가 산다. 그중
400만가량이 시드니에 산다. 인구수로는 최대의 도시이며 다
른 도시와 비교할 수 없이 압도적이다. 시드니 남쪽으로 해안
을 따라 1,000킬로미터쯤 내려가면 멜버른이 있다. 인구는
250만 정도로 시드니보다 적지만 호주 제2의 도시이며 오랜
전통이 있고, 세계의 기업들이 들어서 있는 상공업의 중심지
다. 호주에서 가장 유럽풍의 느낌을 주는 도시이기도 하다.

수도를 유치하기 위해 두 도시는 치열하게 경쟁했다. 누구
도 양보하지 않았다. 유일한 해결책은 타협하는 것이었다. 그
래서 두 도시 사이에 인구 300가구 정도가 사는 마을인 캔버
라가 수도로 지정되었고, 캔버라는 수도로서의 위상을 갖추
기 위해 새롭게 개발되었다.

호주는 땅이 넓어 대도시를 제외한 일반 국도에서는 자기
앞에 차가 두 대만 지나가도 교통이 혼잡하다고 농담을 한다

고 한다. 유명한 오페라극장 맞은편에 있는 하버브리지는 1926년에 만들어졌는데, 철교로는 세계 최대의 무게를 자랑한다고 한다. 다리의 폭이 왕복 8차선에 기차 레일을 놓아두었으니 설계자가 그 당시 이미 100년은 내다본 셈이다. 아직도 가장 넓은 폭을 가진 다리 중 하나라고 한다. 그러나 시드니 시내 중심가는 아주 작다. 걸어서 20분 이내에 웬만한 곳은 다 갈 수 있다.

이것이 공항에서 호텔까지 가는 20분 동안 내가 얻어들은 이야기다. 가이드는 30대 초반의 젊은이였고, 유학을 왔다 이곳이 좋아 눌러앉았다 한다. 늘 웃고, 친절하고, 사분사분 말도 잘한다. 끊임없이 조용히 이것저것 말해주는데, 좋은 가이드라는 생각이 들었다. 그는 아내와 내가 시드니에 묵는 동안 내내 우리를 개별적으로 안내해주었다.

며칠 뒤 우리는 시드니 북쪽의 아름다운 해변 도시인 골드코스트에 갔다. 공항에 내렸더니 한 젊은이가 내 이름을 쓴 종이를 들고 입구에 서 있었다. 얼굴이 어두워 보였다. 그는 감기에 걸려 있었다. 우리는 20분쯤 떨어져 있는 열대과일 농장으로 갔다. 길에는 사탕수수 밭이 길게 펼쳐져 있었다. 가는 동안 그는 우리가 가는 농장에 대해 말해주었지만 본인도 잘 모른다고 했다. 사람들이 별로 방문하지 않는 곳이라 1년에 겨우 한두 번 오는 곳이라고 했다.

농장의 카페는 매우 인상적이었다. 우리는 점심을 먹고 트랙터에 긴 관람용 끌개를 단 열차를 타고 과일나무 사이를 구경했다. 큰 보트를 타고 물길을 따라 내리다 오리에게 먹이를 주기도 하고, 숲 속을 자유롭게 어슬렁거리는 왕도마뱀을 보기도 했다. 햇볕으로 나오면 덥고, 그늘에 있으면 추웠다. 여름에는 기온이 섭씨 40도에서 50도 사이를 왔다 갔다 하는데, 바닷가이지만 건조해 끈적이지 않는다. 햇볕으로 나오면 못 견딜 만큼 덥고, 그늘로 들어가면 덥다는 생각을 안 했다.

바닷가를 거쳐 호텔로 돌아오는 동안 저녁이 되어 있었다. 그는 11년 전 신혼여행을 왔다가 골드코스트에 반해서 몇 년 동안 애를 써 작년에 드디어 영주권을 받았다고 했다. 아무 대책 없이 젊은 나이에 살고 싶은 곳을 찾아 정착한 것이다. 그는 아직도 골드코스트에 대해 침이 마르게 칭찬했다. '세계에서 가장 아름다운 곳이며 사람이 살기에 가장 적합한 곳'에서 살고 있다고 말하면서도 왠지 그는 행복해 보이지 않았다. 그를 괴롭힌 것은 아마 감기가 아니었던 것 같다.

나는 두 가이드를 보며, 호주에 이민 와 살고 있는 한국인들의 일상생활의 일부를 직접 접해볼 수 있었다. 두 사람 다 넉넉한 생활을 하고 있는 것은 아닐 것이다.

그러나 내가 보기에 두 사람의 행복지수는 아주 달라 보였다. 두 사람 모두 젊은 나이에 고향을 떠나 이국에 살게 되었으니, 여러 사연이 있겠지만, 소수가 할 수 있는 결정을 하게 된 셈이었다. 이국에서 똑같은 일을 하며 살고 있는 두 젊은이의 행복지수가 매우 다른 이유가 무엇인지 궁금해졌다. 아마 이런 궁금증은 내 안에 있는 직업병의 일종인 것 같다.

내가 추측한 이유 중 가장 그럴듯한 것은 두 가지다. 하나는 이 두 사람이 현재를 인식하는 시선이 매우 다른 것 같다는 점이다.

시드니의 젊은이에게는 현재라는 삶의 시간이 분명하게 존재한다. 그는 지금을 즐길 줄 알았다. 그는 웃었고, 함께 음식을 먹을 때도 맛있게 먹었으며, 친절하고, 최선을 다해 설명해주었다.

반면 골드코스트의 젊은이는 무엇이든 심드렁했다. 그에게는 과거와 미래만이 있었고, 현재는 어디론가 사라져 존재하지 않았다. 그가 골드코스트에 눌러살게 될 때까지의 사연에 대해 길게 이야기할 때 그는 마치 무용담을 말하듯 살아 있었다. 마치 현재라는 무기력한 공간에서 과거의 위대함으로 깨어나는 영혼처럼 그는 신 나 있었다. 그는 골드코스트를 떠날 마음이 없어 보였다. 그가 이곳에서 살아갈 삶은 황금 모래밭처럼 빛나 보였다. 그러나 그는 현재의 생활에 불만족했고, 과거의 노력에 보상치 못하는 고단한 현재에 대해 허탈해 보였고, 그의 행동에는 어딘지 꼭 필요한 만큼의 차분함이 결여되어 있었다.

반면 시드니의 젊은이에게는 현재가 있었다. 두 아이의 아버지이기도 하고 약간 살이 찌기 시작하면서 그것 때문에 불평하는 아내와 함께 잘 살고 있었다. 그는 넉넉하지 않으나 행복해 보였다.

또 하나는 가이드라는 직업과도 관련이 있는 것 같았다. 시드니의 젊은이에게는 사람과의 관계에 대한 감각이 있었다. 그는 그 관계를 중요하게 생각했다. 그런 점에서 가이드는 괜찮은 직업이었다. 그는 그가 안내하는 곳만을 설명하는 것이 아니라 본인이 가이드하는 사람에 대해서도 관심이 있었다. 그러니 그 사람에 맞는 장소와 이야기를 소개할 수 있었다. 실제로 그는 관광지에 데려가기도 했지만, 자기 가족이 즐겨 찾는 조용한 해변으로 데려가 걷게 해주었는데, 나는 갭 파크

gap park가 개인적으로 매우 마음에 들었다.

그러나 골드코스트 젊은이의 관심사는 오직 자기 자신뿐인 것 같았다. 그는 끊임없이 자신이 2주째 앓고 있는 감기에 대해 말했고, 내일 모레 찾아오는 친구에 대해 말했고, 자신에 대해 말했다. 그러나 우리가 찾아간 장소에 대한 설명은 언제나 부족했고, 지금 보고 있는 곳보다는 멀리 떨어져 있는 다른 장소, 우리가 내일 보게 될 일정에 대한 설명만 앞섰다. 그에게는 '지금, 바로 여기'가 없었다. 그것은 가이드로서 적합지 않은 기질이었다. 아마 그의 지금을 더욱 어렵게 하는 것은 직업의 특성과 잘 맞지 않은 기질 때문인 것 같았다.

나는 호주에 와서 두 젊은이를 통해 다시 확인했다. 좋아하는 일을 찾아라. 기질과 일을 서로 융합시켜라. '지금, 여기'라는 육체의 제한을 즐겨라. 육체의 단명함을 즐기는 방법은 지금 이 순간에 살아 있어야 한다는 것이다. 이 육체의 단명함, 바로 짧은 시간밖에는 살 수 없다는 것이 우리를 더욱 아름답게 한다. 그대들의 여름휴가는 즐거웠는가? 모처럼 주어진 '지금, 여기'라는 살아 있음을 느껴보았는가?

마흔, 아직 무더운 여름의 절정

삶에는 시점마다 독특한 질감이 있다. 40이라는 나이는 아마 8월 말이나 9월 초쯤의 들판과 같다. 여름처럼 푸르고 뜨거울 수는 없다. 그러나 아직도 푸르고 뜨겁다. 여름은 오만하다. 오만하지 않고 어떻게 그렇게 푸르고 뜨거울 수 있겠는가? 이때 푸르지 못한 사람은 영원히 푸르러볼 기회를 갖지 못할 것이다. 그리고 앞으로 숨 가쁘게 뜨거워보기도 힘들 것이다. 많은 계절의 순환을 겪으면서 내가 느낀 것은 여름 없이는 가을도 없다는 것이다. 좋은 여름만이 좋은 가을을 만든다. 그래서 곧잘 초초해지고 절박해지는 것이 바로 마흔이 넘어서는 즈음이다. 마지막 며칠간의 그 뜨거운 여름을 과일 속에 담기 위해 조금만 더 시간이 주어졌으면 하는 기원은 비단 릴

케만의 통곡이 아니다.

　독일의 민요에 다음과 같은 것이 있다.

　나는 살고 있다

　그러나 내 목숨의 길이를 알 수 없다

　나는 죽는다

　그러나 그것이 언제인지 모른다

　나는 가고 있다

　그러나 어디로 가고 있는지 모른다

　그러고도 나는 태평스럽다

　놀라운 일이다

　태평스럽게 살 수 있다면 그나마 다행이다. 그러나 이제 그
만한 소시민적 평화를 바라기 어렵게 되었다. 처음 시작한 직
장에서 적당한 자부심을 느끼며 평생을 지낼 수 있는 것은 이
제 드문 은총이 되고 말았다. 어디에도 적절한 자리가 없는
것이 지금의 40대다.

　나는 마흔이 넘어서야 내가 더 이상 젊지 않다는 것을 느꼈
다. 그리고 내가 매우 중요한 갈림길에 서 있다는 것을 알게

되었다. 자발적으로 선택할 수 있는 마지막 갈림길이라는 것을 직감했다. 그냥 지나치면 후회하게 되리라. 다시 돌아올 수 없는 지점이었다. 마지막으로 주어진 시작점에서 나는 스스로를 한 달간 유폐시켰다. 먹고사는 것으로부터 자유로워지기 위해 포도만 먹으며 한 달을 보냈다. 나를 절박하게 몰아가기 위해 상징적인 의식이 필요했다.

안쪽 깊은 곳에 새로운 삶을 만들어갈 수 있는 힘이 남아 있다. 아직 며칠 더 절실하게 푸를 수 있고 뜨거울 수 있다. 살면서 한 가지의 흔적을 남길 수 있을 거라는 오만을 떨 수 있는 며칠이 남아 있다. 겸손한 가을이 오기까지 아직 조금의 시간이 있다. 참으로 작고 보잘것없는 나라는 열매 속에 엄청난 에너지를 채워 넣을 수 있는 찬란한 여름의 며칠이 남아 있다. 그래서 이때는 모든 40대들에게 아주 절박한 시기다.

변화는 절박함을 인식할 수 있는 능력이다. 절박함을 스스로에게 설득시킬 수 있다면 변화의 반은 성공한다. 그러나 절실하지 못한 사람은 자기를 바꾸는 데 성공할 수 없다. 이 점이 변화의 가장 어려운 대목 중 한 곳이다. 많은 사람이 묻는다. 변해야 한다는 것을 이해하고 동의하는데 실제로 변하기는 어렵다고 하소연한다. 나는 그들에게 절실하냐고 묻는다.

절실하다는 것은 그것을 생존의 문제로 인식한다는 것을 뜻한다. 지금이 결단의 시기이며, 지금 시작하지 않으면 마지막 기회를 놓치고 말 것이라는 자기 암시이며 주술이다.

나는 담배 끊기를 예로 많이 든다. 담배를 끊기는 어렵다. '독한 놈'만이 할 수 있는 일이다. 일반적인 상황에서는 그렇다. 그러나 의사가 "당신, 암입니다. 담배 끊고 치료 시작합시다. 나을 수 있어요"라고 말했다고 하자. 그래도 부득부득 담배를 계속 피우는 사람이 있다면 이번에는 그 사람이 '독한 놈'이 된다. 생존의 문제로 인식하면 변화는 시작된다. 40이 넘은 사람들에게 여름은 이제 며칠 안 남았다. 변화의 절박함을 인식할 수 있는 사람은 도움을 받을 수 있다. 그러나 절박하지 않은 사람은 누구도 도와줄 수 없다.

절박함은 스스로 부여하는 것이다. 이 자발성은 변화가 무엇인지를 이해하는 것으로부터 온다. 변화는 움직임이다. 한 점에서 다른 한 점으로 움직여가는 것이다. 따라서 변화에는 한 순간에 적어도 두 개의 점이 필요하다. 지금 서 있는 곳과 도달할 목적지를 나타내는 두 개의 좌표를 찍을 수 있어야 한다. 두 좌표 사이에는 간격이 있다. 이 간격이 바로 변화의 폭이다. 그리고 물리적으로 두 점 사이에는 늘 시간이 개입되어 있다. 두 점 사이의 차이는 우리에게 압력을 가한다. 옮겨가기 위해서는 지금 있는 곳을 떠나야 하기 때문이다. 도달해야 하는 목적지에 이르기까지 걸리는 시간이 바로 떠나야 할 시각을 결정한다. 떠나야 할 시각에 떠나지 못하면 원하는 시각에 목적지에 도달할 수 없다. 계절이 우리를 기다려주지 않듯이 삶 역시 늦게 도착하는 사람을 기다려주지 않는다. 가을이 되어서야 겨우 여름이 이미 지나가버렸다는 것을 깨달은 사람은 아직 쭉정이에 지나지 않는 자신을 채워줄 햇볕도 뜨거움도 사라졌다는 것을 받아들일 수밖에 없다. 그에게는 가을이 없다. 거둬들일 인생이 없다.

실제로 어떤 일을 당해버린 사람에게는 절박함이 없다. 이미 벌어진 일은 받아들일 수밖에 없기 때문이다. 일을 겪은 사람에게는 후회가 있을 뿐이다. 중병에 걸린 다음에야 알게 된 건강의 소중함, 다 지나간 인생의 뒷전에서 깨달은 진정하고 싶었던 일 한 가지, 등을 돌리고 돌아올 수 없는 강을 건너간 애인은 후회일 뿐 절박함이 아니다. 절박함은 약속한 시간에 맞춰 도착하기 위해 급히 집어탄 택시 안에서 생겨나고, 급한 발걸음 속에 머문다. 약속한 그곳에 애인이 아직 앉아 기다리고 있을 때 생겨나는 것이다. 절박함은 아직 희망이 있을 때 찾아온다. 역설적이게도 바로 그것이 희망을 이루게 하는 강력한 에너지다. 모든 관심과 능력을 집중하게 한다. 그 것에 모든 것을 걸게 한다.

상징적으로 변화를 규정하는 두 개의 점은 '현실'과 '꿈'이다. 도착점이 출발점보다 못한 변화는 부정적인 변화다. 개인에게 이런 변화는 불행이다. 현실보다 낮은 수준의 꿈을 꾸는 사람은 없다. 경제적으로 혹 지금보다 당장 벌이가 못한 선택을 하게 되더라도 그것은 다른 점에서 그만큼을 보상받을 수 있기 때문에 취해진다. 더 나은 경제성을 위한 준비 기간일 수도 있고, 혹은 개인의 내면적 만족을 위한 것이기도 하다. 꿈은 늘 현실을 떠남으로써 도달할 수 있는 보다 나은 사이버 리얼리티cyber reality다. 꿈이 이루어지지 않는 이유는 꿈이 없기 때문이다. 꿈을 꾸는 사람들은 꿈을 이루는 데 여러 번 실패할 수는 있지만 그것은 그저 성공에 이르는 과정에 지나지 않는다. 언젠가 그들은 꿈을 이루게 된다.

절박함은 그러므로 꿈이 있는 사람에게만 생겨난다. 현실과 꿈 사이의 간격에서 꿈을 향해 움직여갈 때 생겨난다. 현실밖에 없는 사람은 절박하지 않다. 그들에게 삶은 그저 지루하고 짜증스러운 반복과 연속일 뿐이다. 그들에게는 꿈, 즉 도달해야 할 점이 없다. 오직 현실이라는 한 점밖에 존재하지 않기 때문에 움직일 수 없다. 그래서 스스로의 변화는 불가능하다. 외부의 변화가 밀려오면 속수무책으로 당할 수밖에 없다. 그리고 어찌할 수 없게 되었을 때 후회할 뿐이다. 그런가 하면 꿈밖에 없는 사람도 있다. 그들도 변화할 수 없다. 그들에게는 현실이 없기 때문에 '이룬다'는 개념도 없다. 그저 취해서 살 뿐이다.

변화에 성공하기 위해서는 늘 '또 하나의 점'이 필요하다. 그것도 스스로가 자발적으로 찍은 '또 하나의 점'이 중요하다. 스스로 찍지 못하면 대개의 경우, 다른 사람들이 찍어놓은 곳으로의 이행을 강요당하게 된다. 강요된 스피드로 강요된 곳을 향해 몰려가지 못하면 도태되거나 원하지 않은 곳에 도달하게 된다. 삶이 불만족스러운 것은 바로 이 비자발성에 기인한다.

지금 서 있는 곳에서 꿈꾸는 곳으로의 이동은 힘든 과정이다. 그 간격을 극복하는 것은 산을 오르듯 높은 곳으로 움직여가는 것이기 때문에 많은 에너지가 필요하다. 힘은 밖에서 오지 않는다. 모든 자연 속에 신이 존재하듯이 신은 우리 안에 있다. 그래서 힘은 안으로부터 온다. 우리는 하느님의 형

상대로 만들어졌고, 우리가 곧 부처다. 이것이 곧 우리가 스스로 오만해질 수 있는 이유다. 자기를 세우지 않고는 자기를 찾을 수 없다. 스스로 머리 깎고 벽 앞에 앉지 않고는 진정한 공부가 시작되지 못하며, 백척간두에서 다시 한 발을 내딛는 시퍼런 마음 없이는 정진할 수 없다.

안으로부터 오는 힘은 단지 의지와 인내를 통해 얻어지는 것이 아니다. 참고 견디는 것은 고통스럽다. 자기 마음이 흐르는 대로 따름으로써 그 내면적 힘을 얻어낼 수 있다. 좋아하는 일을 하는 것은 즐거움이다. 수련과정에 포함되는 반복과 연습 그리고 땀은 자부심을 높여주고 행복하게 해준다.

강수진은 세계 최고 무용수 중 한 명이다. 그녀는 하루에 열 시간 넘게 연습을 할 때가 많다. 열아홉 시간까지 연습한 적도 있다 한다. 한 시즌에 토슈즈 150개를 사용한다. 발톱은 지금도 갈라지고 벌어지고 죽고 곪는다. 아침에 침대에서 일어날 때마다 어딘가가 아프다. 아픈 것도 무용수 생활의 일부로 받아들인다. 그녀는 그러나 연습만으로 예술이 만들어진다고 믿지 않는다. 그녀에게는 배역의 혼을 끌어내는 집중력이 있다. 대본을 읽고 마음을 주고 또 준다. 영혼을 통해 음악을 듣는다.

주위에서 일을 아주 잘하는 사람을 보면 모두 그 일을 좋아하는 사람들이다. 퇴계 이황도 말한다.

"깨달음을 얻는 데는 나름대로 길이 있다. 그리고 그 길에는 즐거움이 따른다."

바둑이든 음악이든 무용이든 그 무엇이든 좋아서 빠져들면 깨우침이 있고 그것을 통해 인생을 알게 된다. 좋아하지 않고 알 수 없다. 알지 못하면 깨닫지 못한다. 깨닫지 못하면 달인이라 할 수 없다.

뜻을 세워 스스로 무엇을 이루어보려는 마음이 있다면 좋아하고 잘하는 일을 찾아야 한다. 마흔이 넘으면 평생을 걸 단 하나의 프로젝트를 만들어야 한다. 많은 것을 생각할 겨를이 없다. 늦게 시작한 사람이 현실과 꿈 사이의 간격을 좁힐 수 있는 유일한 방법은 이행 시간을 단축하는 것이다. 단축할 수 있는 유일한 방법은 몰입하는 것이다. 그 일이 무엇이든 괜찮다. 몰입할 수 있는 모든 일은 자기를 위해 좋은 일이다. 몰입은 행복에 기여한다. 사회는 행복한 사람들로부터 전해지는 행복이라는 에너지를 끊임없이 필요로 한다. 행복한 사람만이 행복을 전달할 수 있다.

네덜란드의 어느 정신병동에 정신분열증에 걸린 여자가 있었다. 정신이 산만하고 감각도 무디기 한량없었다. 삶에 대해 아무 관심도 없었다. 그녀가 꼭 한 가지 조금 반응을 보인 때는 자신의 손톱을 다듬을 때였다. 병원 의사들은 그녀가 전문적으로 손톱을 다듬는 강습을 듣도록 주선해주었다. 그녀는 열심히 배우더니 그 후에는 병원에 있는 모든 환자들의 손톱을 다듬어주었다. 그리고 그녀의 정신적 균형도 살아나기 시작했다. 그녀는 퇴원해 손톱을 다듬어주는 전문점을 개업했고, 건강한 생활을 하고 있다.

그녀에게 손톱을 다듬는 일은 곧 생명으로의 귀환이었다. 그것은 가치 없는 일인가? 세네카는 말한다.

"가치 있기 때문에 칭송받는 것이 아니다. 칭송받기 때문에 가치 있어지는 것이다."

이것이 사회가 가치에 대해 가질 수 있는 편견이다. 박세리는 어려울 때, 한국인에게 좋은 위로가 되었다. 그러나 막대기 몇 개 바꿔가며 딱딱한 작은 공을 쳐서 구멍에 잘 집어넣는 것이 손톱 다듬는 일보다 인류에게 더 가치 있는 일인가? 누가 그러던가?

무엇이든 좋다. 그것이 자신의 유일한 삶을 가장 잘 표현할 수 있는 것이라면 말이다. 위대한 무용수 니진스키는 자신의 가장 행복한 순간에 대해 이렇게 말한다.

"춤추는 사람은 없어지고 오직 춤만 남을 때가 있다."

나도 그렇게 살고 싶다. 우리는 어느 때 빵만으로 살 수 없다는 것을 뼈저리게 느낀다. 우리는 '모험, 다양성, 새로움 그리고 로맨스'를 필요로 한다. 산다는 것은 자신에 관한 책 한 권을 쓰는 것과 같다. 지루함밖에 없는 이야기책은 스스로도 보지 않는다. 위대해지기를 바라지는 않는다. 60억 인구의 하나면 족하다. 그러나 유일한 삶이기를 바란다.

그러나 또 우리는 빵 없이는 살 수 없다는 것을 알고 있다. 하고 싶고 잘할 수 있는 일을 하면 좋지만 먹고살 수 있을까, 아이들 학교 보내고, 가끔 밖에서 아내와 함께 술 한잔 곁들인 저녁을 먹을 수 있을까, 처자식을 먹여 살리기 위해서는 하기 싫은 일도 해야 한다는 것은 늘 옳은 충고였지 않은가. 옳은 말이다. 어제까지는. 그러나 지금부터는 아니다. 하나를 아주 잘하지 않고는 먹고살기 어렵다. 미래는 전문가의 시대다. 그리고 '미래는 이미 와' 있다.

생활 속에서 의미를 찾아 만족을 느끼는 방법에는 크게 세 가지가 있다. 하나는 지금 하는 일을 사랑하는 것이다. 사랑할 수 없다면, 지금 하고 있는 일을 작파하고 좋아하는 일을 찾아 떠나는 것이 두 번째 방법이다. 그럴 수도 없다면 지금 하고 있는 일에 대한 태도를 바꾸는 것이다. 그것이 세 번째 방법이다.

빅토르 프랑클Viktor E. Frankl은 유대인으로 나치의 죽음의 수용소에서 살아난 사람이다. 후에 로고테라피Logoteraphy라 불리는 심리치료법을 만들어냈다. 한 개인으로서 무력하기 짝이 없던 그는 이미 벌어진 사실, 즉 '수용소의 한 죄수' 라는 상황을 바꿀 수가 없었다. 절망이란 더 이상 어찌할 수 없을 때 생겨난다. 상황을 바꿀 수 없을 때, 우리는 절망한다. 그러나 그는 변화시킬 수 있는 것이 하나 더 존재한다는 것을 알게 되었다. 상황을 변화시킬 수 없다면, 이 상황을 해석하는 자신의 관점을 변화시키자는 것이다. 그는 고난의 의미를 찾기 시작했다. 후에 그는 자신이 겪은 이러한 변화의 힘을 환자들 치료에 적용했다.

어느 날, 그는 아내의 죽음으로부터 오는 상실감에 시달리는 한 노인을 치료하게 되었다. 그는 환자를 바라보며 조용히 물었다.

"만일 선생님이 먼저 돌아가셔서, 아내가 지금 혼자 남아 생을 살아야 한다면, 그분은 어떻게 살아갈까요?"

"그건 상상할 수 없는 일입니다. 나는 처가 혼자 남아 지금 내가 겪고 있는 이 절망을 겪게 할 수 없습니다."

"선생님의 고통은 그렇다면, 아내의 고통을 대신한 고통입니다."

그 환자는 아무 말도 하지 않았지만, 빅토르 프랑클의 손을 꼭 잡은 후 돌아갔다. 그는 자신의 고난의 의미를 알게 된 것이다. 비록 아내가 죽었다는 어쩔 수 없는 상황을 바꿀 수는 없었지만, 그는 '희생' 이라는 자신의 고난의 의미를 알게 됨으로써 환자에서, 하나의 굳건한 인간으로 다시 돌아올 수 있었다.

빅토르 프랑클은 고난만이 우리로 하여금 인생의 의미를 알게 하는 유일한 방법이라고 말하지 않는다. 고난을 피할 수 있다면, 그 원인을 제거함으로써 반드시 피해야 한다. 일부러 고난을 찾아가는 것은 마조히즘일 것이다.

중요한 것은 우리가 고난을 재해석함으로써 자신의 미래에 대한 꿈을 다시 만들어낼 수 있다는 점이다. 그는 모든 사람에게 공통적으로 통용되는 인생의 의미가 있다고 믿지 않았다. 사람마다 다른 인생을 살고 있고 같은 사람이라도 날마다, 시간마다 인생의 의미는 달라진다고 믿었다. 마치 우리가 바둑을 둘 때 객관적으로 가장 훌륭한 수란 없는 것과 같다. 상대방이 누구냐에 따라서 그리고 어떤 상황에 처해 있느냐에 따라 가장 훌륭한 수가 생겨나기 때문이다. 사람이 살아가는 것도 이와 같다. 그러므로 우리는 인생의 추상적 의미를 알아내려고 애써서는 안 된다는 것이다. 삶은 구체적인 것이다. 어느 누구도 대신 살아줄 수 없으며, 되풀이되는 것도 아니다. 그러므로 지금, 이 순간에 당신에게 주어진 것이 바로 당신의 인생이다. 지금 이 순간이 바로 도전이며, 당신이 풀어야 할 문제다. 꿈은 바로 아직 살아 있는 당신이 남은 미래를 위해 짜놓은 황홀한 각본이며, 진지한 깨달음으로부터 시작한다.

꿈을 이루려면 '꾸는' 것만으로는 턱도 없다. 이 대목에서 우리는 시간의 문제를 해결해야 한다. 하루에 두 시간은 자신이 좋아서 선택한 일에 써야 한다. 두 시간 이상 투입할 수 있으면 더 좋다. 그러나 그 이하로 줄이면 곤란하다. 시작해서 6개월 이내에 스스로 변화를 감지하고 확신을 가지려면 하루에 적어도 두 시간은 써야 한다. 변화를 시작해서 6개월이 지나도록 변화로 인한 보람과 의미를 발견하지 못하게 되면 지칠 수 있다. 인간은 증거를 필요로 한다. 인간이 갖고 있는 본질적 약점이기도 하고 귀여운 점이기도 하다. 지치기 전에 변화의 혜택을 즐기려면 하루의 10퍼센트 정도는 자신에게 되돌려주어야 한다. 이 일이 그런데 쉽지 않다.

직장을 그만두고 전적으로 새로운 일에 몰입한다면 아주 많이 쓸 수 있는 것이 시간이지만, 일을 계속하는 경우에는 여가 시간을 이용할 수밖에 없다. 대개 하루의 3분의 1은 자는 데 사용된다. 3분의 1은 직장에서 보낸다. 그리고 3분의 1은 우리가 비교적 자유롭게 쓸 수 있는 시간이다. 따라서 직장인이 변화를 위해 사용할 수 있는 시간은 여덟 시간 정도를 개편해보는 것이다. 여덟 시간 중에서 두 시간 정도를 빼낼 수 있으면 된다. 해볼 만한가?

비교적 자유로운 시간이 여덟 시간이라고 하지만 내용을 들여다보면 두 시간 빼기가 만만치 않다. 우선 개인에 따라 다르기는 하겠지만 이 속에는 기본적으로 생활을 유지하기 위한 시간이 존재한다는 것을 알 수 있다. 식사, 씻기, 화장, 출퇴근 혹은 운전 등의 유지활동에 사용되는 시간이 보통 서너 시간은 된다. 순수한 여가 시간은 겨우 너덧 시간에 불과하다. 그중에서 두 시간을 빼낼 수 있겠는가?

좀 더 들여다보자. 여가활동은 대개 TV 시청, 독서, 취미,

운동, 영화, 외식, 술, 담소, 교제, 휴식, 빈둥거리기 등으로 이루어진다. 매일 두 시간을 '빼낸다'는 것은 거의 초인적 노력처럼 보일지도 모른다. 그러나 그렇지만은 않다. 만일 우리가 TV 시청, 술, 잡담 같은 소극적 여가활동을 두 시간 동안의 적극적이고 능동적인 여가활동, 즉 우리가 좋아서 선택한 바로 그것을 위해 사용하도록 전환할 수 있다면 성공할 수 있다. 좋아하는 일을 하는 것은 좋은 취미활동이다. 취미로 시작한 일이 직업이 되는 경우가 있는데 이것처럼 바람직한 것이 없다. 놀이가 곧 일이고 일이 곧 직업이 된다. 이것이 바로 우리가 원하는 것이다. 지금 우리가 만들어내려고 하는 것이 바로 이것이다.

매일 자신에게 돌려준 두 시간은 훌륭한 밑천이다. 수없이 많은 갈림길 중에서 하나를 선택해, 마음속의 이정표를 따라 3년을 걷고 또 5년을 걸으면 그 길이 옳은 길임을 믿게 된다. 믿으면 그 일에 깨어 있는 모든 시간을 쏟아부을 수 있다. 삶은 곧 그 일이 되고 그 일을 통해 삶을 이해하게 된다. 그 일을 위해 살았다는 것을 다행으로 여기고, 그 일이 곧 자신의 정체성이 된다. 그 일이 무엇이든 행복한 전문가는 그렇게 만들어진다.

40이 넘어 시작해도 늦은 것은 아니다. 결코 늦지 않다. 다시 시작하기에 늦은 인생이란 없다. 늦은 만큼 절실할 수 있으니까 괜찮다. 빈둥거리며 보낸 게으른 시간이 있고 후회가 있고 반전과 깨달음이 있는 삶은 재미있다. 볼만하다.

여백이 없으면

우리에겐

텅. 빈. 여백이 필요해

여백 같은 시간

여백 같은 날

그게 필요해

신문에 무엇이 실렸는지

내 적이

내 친구가

누구인지도 몰라

나를 사회라는 기둥에 묶어둔

모든 끈이

풀리고

어디에도 묶여 있지 않은 자유

아무것도 겨냥하지 않는 여백 말이야

경제와 실용에 대한

요구가 어찌나 집요한지

내 눈을 안으로 돌리지 못하게 해

내게 요구된 일만 해

그래서 바보가 되었어

내가 누군지

내가 무엇을 원하는지조차

몰라

나이 먹을수록

바로 앞에 있는 것에 대한 욕구가

지나치게 집요해

그러니까

지금 밥을 씹고 있으면서도

내일의 밥을 겨냥하는 데 온통 정신이 팔려

지금의 밥맛도 모르는

바보처럼

여전히 배고플 뿐이야

삶의 겨냥이 틀렸어

아무것도 겨냥하지 않는 여백이 필요해

텅 빈 여백

내가 나를 바라보는 여백

아무것도 요구하지 않는 여백

바람 같은 여백

여백이 없으면 꿈을 그릴 자리가 없어

마흔 살 10년을 잘 보내는 지혜

지금 마흔인 사람은 앞으로도 이제껏 산 만큼의 경제활동을 해야 한다고 계산해두어야 한다. 수명이 길어질 것이고, 자식들은 제 밥 벌어먹고 사느라 어려울 것이고, 더 이상 늙은 부모 돌보는 것을 당연한 의무로 생각하지 않을 것이니 자식들에 기대어 일찍 뒷방으로 물러나 여생을 즐길 수도 없다.

그럼에도 마흔이 넘으면 경제적 감가상각의 속도는 가속화한다. 더 불안한 고용구조 속에서 더 오래 근속해야 한다는 것, 이 아이러니를 풀지 못하면 먹고살기조차 쉽지 않다. 나아가 삶의 절정을 놓치기 십상이다. 마흔 살 10년을 잘 보내는 지혜가 없을 수 없다. 그러나 중요한 것은 실천이다. 자신에게 적절한 것으로 열 가지만 골라 잘 실행해도 적잖은 도움을 받을 것이다.

삶을 꾸려가는 강령 7가지

마흔이나 먹었으니 세상이 만들어주는 대로 사는 대신, 스스로 만지고 냄새 맡고 체득한 나름대로의 깨달음이 있을 것이다. 그 깨달음에 충실한 것이 마흔의 미덕이다. 삶에 대한 자신의 깨달음을 따르는 것, 나는 이것을 마흔의 지혜의 기초라 부르고 싶다. 자신의 깨달음을 따르고, 여력이 있으면 다음의 보편적 원칙을 선별한 후 자신의 것으로 만들 것을 제안한다.

1. 생긴 대로 살아라. 멋대로 살라는 말이 아니라 자신의 기질에 가장 잘 어울리는 행동을 하라는 뜻이다. 자신에게 잘 어울리는 모습이 가장 매력적이다. 다른 사람의 처세를 모방하거나 어울리지 않는 몸짓을 하지 마라. 오랫동안 사귀고 싶은 사람은 남녀노소를 불문하고 매력적인 사람이다. 마흔이면 몸과 얼굴에 살아온 날들이 투영된다. 그러므로 몸과 얼굴을 자신이 살아온 좋은 날들로 채워라.

2. 학생으로 계속 남아라. 나이 듦의 최대 약점은 '이 나이

에 어찌 시작하랴' 라는 겉늙음이다. 마흔 살 10년에 중늙은이를 자처하는 사람들이 있다. 마흔은 가을이 아니다. 마흔은 아직 무더운 여름이다. 인생의 절정에서 배우지 않는 게으름은 결단코 유죄다. 인생은 배울 것이 많은 학습장이다. 영원히 학생인 자만이 즐길 수 있다. 호기심의 끈을 놓치면 그때부터 바싹 늙고 만다.

3. 과거를 그리워하거나 자랑하지 마라. 왕년은 없다. 역사는 자랑하기 위해 있는 것이 아니다. 역사는 오늘의 문제를 풀기 위한 지혜로 존재하는 것이다. 과거에 기초해 정체성을 만들어내서는 안 된다. 잠재성 또한 나의 정체성을 결정해야 한다. 잠재성이란 발현되지 않았지만 이미 내가 갖고 있는 것들이다. 따라서 잠재성이란 단순한 가능성이 아니라 이미 현실의 영역으로 들어와 있는 현실의 한 부분이다. 내면적 잠재성의 구현을 통해 우리는 나아질 수 있다. 남아 있는 날들의 잠재성에 몰입하라.

4. 젊은 사람들과 밥그릇을 놓고 경쟁하지 마라. 초라해 보인다. 그러나 젊은 사람들에게 세상을 다 넘겨주지도 마라. 인생의 어느 시점이든 특유의 찬란함이 있게 마련이다. 인생은 시간의 두루마리 같은 것이다. 특별히 어느 시점이 다른

때보다 더 압도적으로 찬란한 것은 아니다. 봄은 봄대로 가을은 가을대로 곱다. 마흔의 나이라 해서 밥그릇으로부터 자유롭지는 못하지만 좋은 선배는 될 수 있다. 먼저 존경받는 선배가 되어라.

5. 리스크를 지고 살아라. 예측된 위험을 피하지 마라. 모험이 없는 인생은 재미없다. 인생을 살다 보면 예기치 않은 일들이 생겨난다. 때로는 풀어야 할 문제이고, 골치 아픈 일이기도 하다. 그러나 이 예기치 않은 일은 신의 선물이다. 지루한 일상에 던져진 신의 수수께끼이며, 화두이며, 짓궂은 장난이다. 특히 사람에 대해서는 위험을 감수하고 믿어주는 것이 좋다. 상대를 신뢰하지 못하면 방어적이 된다. 언제나 방어자세를 취하고 상대를 불신한다면 치러야 할 대가가 너무나 크다. 사기를 당하거나 실망하게 될 리스크가 있을지도 모르지만 상대방을 무능력하고 불성실하다고 생각하는 것보다 현명한 일이다.

6. 삶을 관조와 관찰로 대체하지 마라. 유감스럽게도 가장 조신하고 사려 깊은 중년들에게 잘 나타나는 현상이다. 삶과 조금 격리되어 삶을 관조하는 조용한 옵서버가 되지 마라. 삶은 뜨거운 것이다. 살아봐야 삶이 된다. 사랑은 쳐다만 보는

것이 아니다. 마주 보고 키스하고 안아주고 뒹굴며 섹스하는 것이다. 삶을 사랑하라. 헉헉거리며 사랑하라.

7. 자연과 하나가 되어라. 자연은 아주 지혜로운 파트너다. 자연과 격리되어 자연을 설명할 수 있다고 생각하지 마라. 그 대신 자연과 하나가 되는 연습을 하라. 꽃과 이야기하고 여인의 허리를 안듯 나무의 허리를 쓰다듬고, 달을 즐기고, 종종 산에 들어라. 동양의 지혜는 모두 자연으로부터 왔다.

인간관계를 부드럽게 하는 강령 7가지

인간이란 말 자체가 사람 사이의 관계를 의미한다. 사람을 잘 만나면 인생과 운명이 바뀐다. 어찌 고품격 처세술이 없겠는가.

1. 사람을 있는 그대로 받아들여라. 모든 사람은 좋은 점과 나쁜 점을 동시에 지니고 있다. 그러나 가능하면 불쾌한 사람과는 섞이지 않는 것이 좋다. 불쾌한 사람과의 만남은 시간과 돈과 사람과 에너지를 모두 잃고 긍정적 사고조차 잃게 된다. 기분 좋은 사람과 만나 어울리는 데도 시간이 모자라다. 그러나 피할 수 없는 사람이라면 편안하고 냉정하게 만나는 것이

좋다. 마치 한 달에 두 번씩 고장 나는 자동차를 산 열 받은 고객이라고 생각하라. 결코 적으로 만들지는 마라.

2. 부탁받지 않았다면 충고하려 하지 마라. 공자가 한 말이 있다. '분발하지 않으면 알려주지 않고, 애태우지 않으면 말해주지 않는다不憤不啓 不悱不發.' 아무 때나 나서서 훈계하고 조언하고 답을 알려주려 하지 마라. 젊은이들은 스스로 방황하고 틀릴 권리가 있다. 잔소리꾼은 선의를 갖고 있을 때도 가장 지겨운 존재다.

3. 현재의 관점에서 이해하라. 과거는 우리가 어떤 사람을 판단하는 중요한 기준이다. 그러나 과거에 지나치게 많은 비중을 두지 않는 것이 좋다. 과거에 누군가에게 가슴 아픈 짓을 안 해본 사람은 없다. 사람들에게는 많은 사연이 있고, 그때 그 상황에 처하지 않고는 정확하게 이해하기 어렵다. 더욱이 사람은 변한다. 직접 경험한 것이 아니라면 소문과 풍문으로 다른 사람을 판단하는 것은 금물이다. 현재의 자세와 태도 그리고 전문성으로 판단하라.

4. 성과보다 존재에 고마워하라. 상대를 칭찬하는 것은 좋은 일이다. 그러나 칭찬의 힘은 경우에 따라 매우 다르다. 상대가 스스로 인정할 수 없는 칭찬은 불편한 일이고, 아부이

며, 마음이 서로 닿지 못하는 경박한 처세일 수 있다. 특히 동양적 문화는 '마땅한 일을 했을 때' 칭찬하지 않는다. 오히려 당연히 해야 할 일을 못 했을 때 비난하는 것이 보통이다. 다른 사람들의 인정과 관계없이 묵묵히 해야 할 일을 하는 성숙이 권장되어왔다. 칭찬을 할 때는 성과에 대한 칭찬보다는 그 사람의 존재에 대한 칭찬을 해주는 것이 효과적이다.

5. 감정의 70퍼센트 정도는 표현하려고 애써라. 내성적인 사람도 있고, 외향적인 사람도 있다. 사교적인 사람도 있고 그렇지 못한 사람도 있다. 그러나 어떤 경우든 자신에게 맞는 표현 방법을 계발하는 것이 좋다. 웃음 하나로 고마움을 전하거나, 눈짓 하나로 공감한다는 것을 알려줄 수 있다. 수사학이 길 필요도 찬란할 필요도 없다. 소박하고 진솔한 표현이 훨씬 진지할 수도 있다. 중요한 것은 자기 감정의 3분의 2 정도는 자기답게 표현하는 비법을 터득할 필요가 있다는 것이다. 나머지 3분의 1은 마음속에 묻어두는 것이 좋다. 묻어두는 법도 반드시 터득할 기술이다.

6. 휴먼 네트워크를 만들어라. 많은 사람을 알면 좋지만 유지하는 데 그만큼 시간과 노력이 든다. 따라서 자신의 유지력 안에서 적절한 규모의 휴먼 네트워크를 만들어나가는 것이

중요하다. 특히 전문성을 공유할 수 있는 순수한 네트워크는 공들여 가꾸는 것이 좋다. 혼자 할 수 없는 수련과 정보를 나눌 수 있기 때문이다. 그러나 이해관계를 위한 고리는 너무 강하게 묶어두면 오히려 서로에게 부담이 될 수 있다는 점을 명심해야 한다. 담합과 부패가 이 '끼리끼리'로부터 온다는 것을 이해해야 한다.

7. 들으면 친해진다. 묻고 잘 들어라. 내성적인 사람은 자신에 대해 절제된 말밖에 할 수 없으니 상대방의 관심사를 묻고 들으면 서먹한 대화가 잘 이어진다. 외향적인 사람은 혼자 떠들지 않기 위해서라도 상대방에게 관심사를 묻고 말할 기회를 주는 것이 좋다. 상대방이 하고 있는 일, 잘하는 일, 하고 싶은 일을 물어라. 그러면 신 나게 말해줄 것이다. 자신이 떠드는 것보다 상대방의 말을 더 많이 듣는 것이 언제나 이문이 남는 거래다. 더욱이 다른 사람이 스스로 하고 싶은 말을 즐겨 떠들게 했으니 그 만남은 유쾌하게 남는다.

일에 대한 강령 7가지

일은 우리가 깨어 있는 시간의 3분의 2를 차지한다. 일이 품삯으로 전락하는 경우 우리의 인생 3분의 2가 먹고살기 위해 날아가 버린다. 먹고사는 일 역시 진지한 일이지만 삶은 그 이상이다. 그래서 일에 대한 마흔의 지혜가 중요하지 않을 수 없다.

1. 의식적으로 문제의식을 가져라. 문제의식이 없으면 일은 단순 반복된다. 어제의 방식으로 오늘의 일이 처리되고, 내일의 일 역시 어제의 방식으로 처리될 것이다. 반복이 재생산될 때 개선과 혁신은 없다. 혁신의 능력 없이는 지식사회에서 성장하고 번영할 수 없다. 어제의 방식을 의심하라. 어제의 방식으로 오늘의 일을 처리하는 것을 퇴보라 생각하고 부끄러워하라.

2. 실험하고 모색하라. 의도적으로 제기된 문제를 풀어라. 실패를 두려워하면 실험하기 어렵다. 실패는 아주 잘 배우는 또 하나의 방법일 뿐이다. 라로슈푸코가 한 말을 기억하자.

"우리를 절망하게 하는 것은 불가능이 아니라 우리가 깨닫지 못했던 가능성이다."

그 가능성을 알 수 있는 방법은 실험해보는 것이다.

3. 알아주지 않아도 계속하라. 모든 훌륭한 성취의 이면에 숨어 있는 공통점이다. 인정과 격려를 받으면 좋지만 그렇지

못한 경우가 많다. 외로운 일이 이루어져야 지금껏 아무도 하지 않았던 정말 큰 일이 성취된다. 처칠의 가장 짧은 연설을 기억하라. "여러분, 포기하지 마십시오. 포기하지 마십시오. 절대로 포기하지 마십시오!"

4. 긍정적인 자긍심을 가져라. 자긍심은 자신을 좋아하는 마음이다. 자신과 정서적으로 교감하는 것이다. 남이 시키는 대로 하거나 하는 일에 대해 자신의 이유를 찾지 못하면서 자긍심을 가질 수는 없다. 따라서 먼저 자신이 매일 하고 있는 일을 자신의 언어로 규정해보자. 나는 변화경영 전문가로서 내가 하는 일을 '어제보다 아름다워지려는 사람들을 돕는 일'이라고 규정했다. 그러자 나 스스로 멋져 보였다.

5. 자신만의 방식을 찾아라. 이 세상에 평범한 직업은 없다. 평범한 방식으로 수행되기 때문에 평범해질 뿐이다. 전문가의 세계에서 중요한 것은 차별성이다. The Only The Best라는 유일성을 중요하게 생각해야 한다. 차별적 서비스를 제공하면 어디서건 자신의 자리를 찾을 수 있다.

6. 1인 기업이라 생각하라. 시키는 일을 하며 품삯을 버는 피고용인이라고 생각해서는 안 된다. 자신의 비즈니스를 경영하는 경영자라고 생각하라. 시키는 일을 하는 총무부 직원

이 아니라 회사와 총무 서비스를 계약한 비즈니스 파트너라고 생각하라. 내 서비스에 만족하면 회사는 좋은 대우에 안정적인 조건으로 계약을 갱신해갈 것이다. 나를 '나me'라고 불리는 1인 기업의 경영자라 생각하라. 그 순간 자신의 서비스를 개선하지 않으면 안 된다는 불안과 욕망이 머리를 치켜들 것이다.

7. 자신의 지적 자산을 형성하라. 지식사회의 재산은 지식이다. 지식은 만들어져야 하고 저장되어야 하고 유통되어야 하며 활용되어야 한다. 따라서 자신의 홈페이지를 만들거나 블로그를 만들거나 카페를 만들어라. 그리고 매일 자신의 실험과 모색의 과정을 올려 회원들과 공유하도록 하라. 몇 년 내에 그곳에 있는 모든 지식의 소유자가 그대가 될 것이다. 지식사회에서 지적 재산권을 가진 사람이 된다는 뜻이다. 즉 부자가 된다는 뜻이다.

운이 좋아지는 강령 7가지

'운칠기삼'이라는 엉터리 조어가 있다. 수능을 준비하는 수험생들 사이에 돌고 있는 말이다. 운이 7이고 실력은 3이라는 뜻이다. 실력 좋은 놈이 운 좋은 놈을 당할 수 없다는 말이다.

성공한 사람들에게 성공의 요결을 물으면 반드시 포함되는 공통적인 성공 요소가 바로 '운이 좋았다'는 것이다. 나는 이 말이 겸손의 의미가 아니라 정말 그렇다는 것을 알고 있다. 모든 성공한 사람은 궁극적으로 운이 좋다. 정말 모든 우주가 나서서 나의 성공을 돕는 듯이 느껴지는 순간이 없었던 성공인은 없는 것 같다. 운은 통제할 수 없는 우연일까? 아니다. 운은 오히려 만들어지는 것에 가깝다. 직접적인 논리적 과정을 따르지는 않지만 과거의 어떤 사건이나 우연한 행동의 방식이 예기치 않은 때에 전혀 예상치 않았던 보답을 하는 것이 바로 운이다. 다행스럽게도 좋은 운을 만들어내는 일반적인 법칙이 있다.

1. 호의를 베풀어라. 순수한 도움을 베풀라는 뜻이다. 가능하면 다른 사람이 곤란할 때 호의를 베풀면 효험이 크다. 자신이 친절한 사람이라는 생각 때문에 우선 스스로 기분이 좋아진다. 호의를 받은 사람도 이 작은 순수한 도움을 잊지 못한다. 순수함의 힘이다. 호의는 씨앗이다. 뿌린 자가 거두어들이게 되어 있다.

2. 잘난 척하지 않고 똑똑하게 보여라. 잘난 척은 만인의 구

토를 부른다. 상대방의 말에 반박하고 싶거나 꼭 한마디 해주고 싶어 못 견딜 때는 의견을 말하기 전에 반드시 질문을 하라. 좋은 질문은 훌륭한 반박보다 훨씬 부드럽고 창조적이다. 답변이 부족하면 상대방은 스스로 무너지고 답변이 훌륭하면 당신은 황금 같은 조언을 듣게 되는 것이다. 어느 쪽도 밑질 것이 없다. 더욱이 그대는 꼭 필요한 대목에서 꼭 필요한 질문을 한 현명한 사람으로 기억될 것이다. 다른 사람을 통해 현명해지는 것이니 현명해지더라도 질투를 사지 않는다.

3. 변명하거나 남에게 원망을 돌리지 마라. 일이 잘못된 책임을 다른 사람에게 전가하는 것은 쪽박을 깨는 바보짓이다. 결코 책임으로부터 자유로워질 수도 없고, 비난을 전가한 상대방과 적이 될 뿐이다. 제3자도 속으로 그 소행을 비웃게 되는 졸렬한 방법이다. 변명하지 마라. 무능력을 선전할 뿐이다. 책임을 인정하되 주눅 들지 마라. 실수는 잘 배우는 여러 가지 방법 중 하나다. 같은 실수를 하면 바보라고 스스로 비웃어줘라. 그러나 다른 실수를 하면 창조적 행위의 일환이라고 스스로 위로하라. 검증된 방식은 안전하나 보상도 적다. 새로운 방식의 모색은 실수를 수반하나 도약과 대박이 가능하다. 이것이 리스크와 보상의 상관관계.

4. 한 해 동안 꼭 하고 싶은 일을 한두 개 골라라. 꼭 하고 싶은 일을 하면 인생이 즐겁다. 삶이 찬란해지고 지친 영혼이 되살아난다. 매일 반복되는 쳇바퀴에서 벗어나 자유로운 공기로 허파를 채우게 된다. 초록빛 산소로 가득한 허파의 외침을 들을 수 있다. 마치 여행을 계획하고, 준비하고, 떠나고, 다녀온 후 사진을 정리하고, 그곳에서의 이야기를 나누고, 추억하는 것 모두가 즐거움과 활력인 것과 같다. 항문까지 짜릿해지는 신 나는 일을 획책하고 실천하라. 이것이야말로 스스로에게 운 좋은 일을 선물하는 방식이다.

5. 자신의 과거와 경쟁하라. 다른 사람과의 경쟁은 언제나 우리를 불편하게 한다. 은연중에 상대의 실수를 즐기게 하고, 경쟁자의 불운에 반사적 이득을 얻고, 반대로 그들의 승리 때문에 상처를 입게 된다. 이기는 자와 지는 자가 갈리고 상대방의 승리에 진심 어린 찬사를 보내기가 쉽지 않다. 그러나 자신의 과거와 경쟁하는 것은 적을 만들지 않고, 스스로 나아지는 방식이다. 승리하면 스스로 기뻐할 수 있고, 아무에게도 상처를 주지 않으며 모든 이의 찬사를 받을 수 있다. 가장 어려운 싸움은 자신과의 싸움이며 가장 가치 있는 진보는 자신의 어제보다 나아지는 것이다. 적은 없고 추종자가 많아지는

승리처럼 운 좋은 성과는 없다.

6. 다른 사람에게 공을 돌려라. 인디라 간디의 말이다.

"이 세상에는 두 종류의 사람이 있다. 공이 돌아가는 사람과 일이 돌아가는 사람. 그중에서 일이 돌아가는 사람이 되라. 그곳은 경쟁이 약한 곳이다."

1인자가 되고 스타가 추앙받는 시대에서 무대 뒤편에 선다는 것은 결코 쉽지 않은 결단이다. 그러나 인생은 긴 것이며 언젠가 자부심을 갖고 한 일을 통해 결국 공이 돌아오게 된다. 한때 2인자들은 대부분 1인자의 뒤편에 가려진 어둠 속에 있었지만, 그들이 사라지고 난 후 그들의 자리를 대신하게 되었다.

7. 복수하지 마라. 복수는 피가 날 때까지 가려운 부위를 박박 긁는 것과 같다. 당장 시원할지 모르지만 상처는 덧나고 관계는 끊어진다. 승진의 기회가 경쟁자에게 돌아갔다거나 다른 사람의 의견이 채택되었다고 해 분개하고 토라지지 마라. 기회를 준 것에 대해 감사하다고 말하라. 이것은 성숙한 인간의 태도이기도 하지만 매우 유효한 전략이기도 하다. 사람은 대부분 누군가에게 미안한 일을 하게 되면 마음의 빚을 지게 된다. 보복을 하면 그들이 갖고 있는 심리적인 빚을 청

산할 기회를 주는 것이다. 다음에 좋은 기회가 와도 그 사람은 당신을 추천하거나 지원하지 않을 것이다. 그들이 당신에게 늘 마음의 빚을 갖고 있도록 남겨두어라. 가능하면 그 빚을 갚으려고 할 것이다. 이것이 지나간 일로 운을 불러오는 방식이다.

자기계발 강령 7가지

직업은 소명이다. 세상에 기여하는 가장 좋은 방법은 타고난 자신만의 기질과 재능으로 자신을 표현하는 것이다. 국화빵과 스탠더드의 시대는 지나갔고, 차별적이고 특화된 전문가들의 시대가 왔다. 노동 시장 어디서고 만날 수 있는 사람들의 자리는 치워졌다. 지금은 유일한 것이 최고인 시대이며 평생 학습을 통해서만 전문가의 자리를 유지할 수 있는 지식의 시대다.

1. 자신의 기질과 재능을 찾아내라. 불확실성이 두드러진 불안의 시대에는 믿고 의지할 것이 자신밖에는 없다. 그러므로 자신에 대한 정보보다 중요한 것은 없다. 무엇을 열망하고 무엇을 잘할 수 있는지 알아내야 한다. 자신이라는 수수께끼

와 퍼즐을 풀지 않으면 안 된다. 이 내면적 자산을 활용하지 않고는 특화할 수 없기 때문이다.

2. 노력의 8할을 자신의 특성에 집중하라. 자신의 특성 중에서 믿고 의지할 수 있는 가장 뛰어난 특성을 활용하라. 예를 들어 사물의 어두운 부분을 보는 데 능한 사람은 비판기능과 숨어 있는 덫을 파악하는 분야로 특화하라. 지금까지 이런 사람들은 스스로를 꾸짖어 사물의 밝은 부분을 볼 수 있도록 자신을 훈련하기 위해 헛된 노력을 기울여왔다. 그것이 좋은 특성이라 믿어왔기 때문이다. 그렇지 않다. 특성 그 자체로 좋고 나쁨은 없다. 타고난 기질과 재능은 변하지 않는 것이니 즐기고 활용하라. 신의 선물이다. 그러나 노력의 2할은 치명적 약점을 보완하는 데 써라. 적어도 그 치명적 약점이 강점을 상쇄하는 일이 없도록 다듬어라.

3. 하루 한두 시간의 해방구를 만들어라. 자신을 위해 시간을 낼 수 없는 사람은 자유롭지 못한 사람이다. 바쁜 사람은 노예다. 자랑할 일이 아니다. 오늘 가진 내 시간의 일부를 미래를 위해 투자할 때, 그것은 나의 '연구개발R&D비'가 된다. 자신을 하나의 작품으로 만들기 위해 하루 두 시간을 쓸 수 있는 사람은 R&D로 8퍼센트쯤 쓰고 있는 사람이다. 미래가

되면 지금보다 나아져 있을 것이다. 그러나 오늘 나를 위해 시간을 내지 못하는 사람의 R&D는 0퍼센트다. 미래가 오더라도 나아지는 것 없이 그저 흘러간 시간만큼 늙어 있게 될 것이다.

4. 매일 해야 이룰 수 있다. 시간을 낼 때는 매일 정해진 곳에서 가장 순도 높은 시간을 자신에게 제공해줄 수 있어야 한다. 왜냐하면 자신이야말로 가장 소중한 존재이기 때문에 먼저 자신에게 가장 좋은 시간을 투자할 수 있어야 한다. 새벽도 좋고, 밤도 좋고, 늦은 저녁도 좋다. 자신의 라이프 사이클에 가장 잘 맞는 시간대에서 매일 시간을 꺼내 자신을 위해 훈련하라.

"춤쟁이는 매일 춤춰야 하고, 환쟁이는 매일 그려야 하고, 글쟁이는 매일 써야 한다. 마치 검객이 매일 수련하지 않으면 목숨이 위태롭듯이 매일 수련해야 한다."

이 말은 내가 제일 좋아하는 말 중의 하나다.

5. 독학 없는 배움은 없다. 혼자 공부하는 법을 즐겨야 한다. 공부할 때는 공자 할아버지를 기억하라. 죽은 지 2,500년이 지나 뼈도 남아 있지 않건만 아직도 살아서 영향력을 미치는 공자의 초절정 경쟁력을 상기해보라. 《논어》의 첫 줄이

'배우고 때로 익히면 즐겁지 아니한가' 인 이유를 잊지 말자. 공자의 시대가 춘추전국의 시대였고 중국 역사상 가장 경쟁적인 제자백가의 사회였음을 기억하자. 지금과 마찬가지로 그때의 경쟁력도 지식이었다. 모르는 것을 알게 되고 서툰 것을 익혀 능숙하게 하고 배우고 익힌 것을 일상에 실천해 나아지게 되면 즐겁지 않겠는가? 이것이 홀로 배움의 기쁨이며 진귀함이다.

6. 스승을 구하고 파트너를 찾아라. '벗이 있어 멀리서 찾아오면 즐겁지 아니한가' 는 《논어》의 두 번째 구절이다. 벗은 수평적 사회의 상징적인 의미다. 수직적 위계와 권위주의가 붕괴하고 수평적이고 평등한 교류가 중요한 사회의 관계론의 근본이다. 서로가 서로의 좋은 스승이 되고 좋은 동지가 되고 건강한 경쟁자가 되는 새로운 관계를 체득하라. 같은 길을 걷는 다섯 명의 스승과 동지를 얻어라.

7. 기록하지 않는 것은 사라진다. 하루는 음식과 같다. 먹으면 사라지는 것이 음식이듯이 하루는 한 끼의 식사와 같다. 먹는 순간 음미하고 즐길 줄 알아야 한다. 하루를 얻으면 현재를 얻는 것이다. 기록된 하루는 조금씩 다르지만 기록되지 않은 하루는 모두 같아 구별되지 않는다. 복제되어 반복되는

하루밖에 갖지 못하는 사람은 신화 속 인물 시시포스(제우스를 속인 죄로 산 위에 바위를 밀어 올리는 일을 영원히 되풀이하는 형벌을 받았다)와 같다. 기록하라. 날마다 그 독특한 맛을 찾아 적어두어라. 그것이 개인의 역사다.

퇴직 강령 2가지

무릇 떠나야 할 때가 있다. 떠남에는 두 가지가 있다. 하나는 제 발로 떠나는 것이다. 이 경우는 반드시 갈 곳을 정하고 떠나야 좋은 여행이 된다. 그러나 지금 있는 곳이 싫어서 무작정 떠나면 가출이다. 겨울에 하룻밤 노숙해본 사람은 절대로 가출은 해서는 안 되는 것임을 뼛속까지 알게 된다.

또 하나는 떠남을 강요당하는 것이다. 이 경우는 참담하게 버려진 기분이다. 이 상황이 자신에게 생기는 것을 막기 위해서는 두 가지 방법이 있다. 꼭 필요한 사람이 되는 것이다. 이 방법에 대해서는 이미 35가지나 말해두었다. 쫓겨남을 막는 다른 한 가지 방법은 쫓겨나기 전에 제 발로 떠나는 것이다.

따라서 우리는 언제나 떠남을 준비해두어야 한다. 여행의 반은 준비에 있다. 지도를 펴고 행선지를 정하고 어디를 경유하고 무엇을 보고 무엇을 먹을까 생각하는 과정 자체가 여행의 반이다. 여행의 즐거움은 거기서부터 시작하는 것이다.

공교롭게도 한 직장에서 꼭 필요한 사람이 되는 것과 제 발로 떠날 준비를 하는 것은 동전의 양면처럼 함께 다닌다. 한 곳에서 꼭 필요한 전문가가 되고 열정과 헌신이 가능한 사람은 다른 곳에서도 그런 기회를 쉽게 찾을 수 있다. 스스로 자신을 다듬어 좋은 작품으로 만들어두었기 때문이다.

1. 준비하라. 철저히 준비하라. 절실하지 않으면 떠나지 마라. 절실한 사람은 반드시 준비하게 되어 있다. 그리해 절실하게 해보고 싶은 자신의 길이 열릴 때까지 기다려라. 그 순간이 오면 망설이지 마라. 전광석화라는 말은 이때 쓰는 말이다. 준비된 자만이 그때가 언제인지 안다. 준비된 자가 기회를 만나는 것, 이것이 성공이다.

2. 자신에게 맞는 일을 유일한 방식으로 제공하라. 실패의 첫 번째 원인은 자신과 어울리지 않는 유망직종을 찾기 때문이다. '뭘 하면 먹고살 수 있을까'라는 생각에 빠지면 절대로 먹고살 수 없다. 밧줄을 타는 자가 밧줄 위를 걷는 것에 생각을 집중하지 못하고 떨어지지 않기 위해 애쓸 때 그는 이미 떨어질 운명인 것과 같다. '내가 잘할 수 있는 가슴 뛰는 일

은 무엇일까?' 이 질문의 끈을 놓지 말아야 한다. 자신의 기질과 재능과 경험을 연결해 차별화하라. 그리고 그 일에 전력을 다하고 즐겨라. 이렇게 이루어진 차별화는 아무도 모방할수 없다.

변화에 대해 그 핵심을 표현하라면 나는 이렇게 말한다.

"변화는 불행한 사람들의 주제다. '지금의 나'와 '내가 바라는 나' 사이의 간격을 인식하는 불행한 자각으로부터 변화는 시작한다. 이 간격을 못 견디는 절박한 사람만이 이 길을 선택한다. 변화는 에너지를 많이 요구하는 작업이다. 자신에 대한 창조적 증오 없이는 이 에너지를 공급받을 곳이 마땅치 않다."

그러나 변화가 더욱 매력적인 이유는 그것이 '내가 바라는 나'로 향하는 여정이기 때문이다. 환경에 강요당하는 적자생존적 변화는 변화의 반쪽이며 불쾌한 과정이다. 변화의 또 하나의 반쪽은 '존재의 표현'이다. 즉 자신의 잠재성에 따라 가장 자기답게 사는 것, 이 자발적 변화는 아주 기분 좋은 과정이다. 우리는 일상 속에서 늘 이 '두 개의 변화' 가운데쯤 서서 망설이고 있다. 그래서 여러 가지 표지판이 필요한 것이다. 여기 37개의 표지판이 있다. 다행히 모두 한 방향을 가리키고 있다. '필feel이 꽂히는' 열 개를 고르고 그중에서 오늘 당장 한 가지라도 실천하면 변화는 오늘 속에서 작동하기 시작한다. 부디 즐기시길.

심심함의 기적

얼마 전 광주에서 강연이 있었다. 예전 같으면 비행기 타고 가서 강연이 끝나면 곧바로 되짚어 서울로 올라왔을 것이다. 강연은 저술과 함께 본업, 그러니까 직업이 돼가고 있었다. 그리고 직업이라는 어떤 묵직하고 순환적인 타성이 나를 누르기 시작한다는 것을 막 느끼고 있었다. 지방에서의 강연은 여행이라기보다는 출장 같은 것으로 여겨졌다. 여행은 즐겁지만 출장은 들고 가는 가방만큼이나 무겁다. 여행은 아주 가볍지만 출장은 목을 조이는 타이와 같다. 여행은 다른 공간에서 자유를 찾는 것이지만 출장은 자유로운 다른 공간까지 일로 오염시키는 것이다.

나는 출장을 즐거운 여행으로 만들어보려고 했고, 출장 대신 강연여행이라고 부르기 시작했다. 처가 이 여행에 동참해 주었다. 우리는 함께 갔다. 그리고 공항에 내려 열두 시간 동안 차를 빌렸다. 가능하면 새 차면 좋고 휘발유보다는 가스차가 더 좋다. 여행강연은 출장강연보다 더 다이내믹하고 더 즐겁고 더 밝다. 행복한 강사만이 훌륭한 강연을 할 수 있는 법이다.

강연이 끝나자 우리는 나주를 거쳐 무안으로 다시 현경을 지나 지도를 향해 아주 작은 서해안의 반도 속으로 빠져들었다. 전날 폭우가 몰아쳐 모두 닦아냈기 때문에 하늘이 반짝거렸다. 우리는 여름 뭉게구름 흐르는 선명하기 그지없는 바닷가를 달리고 있었다. 서해안이지만 바다 속으로 깊숙이 빠져나온 반도였기 때문에 물은 오히려 초록빛이었다. 바다가 어쩌면 그렇게 고운지. 백사장이 호수와 같이 둥근 초록 바다를 감싸 안고 길이 끝나는 곳에 조촐한 몇 개의 횟집이 빛나는 오후 속에서 졸고 있었다.

구름 흐르는 그 한가함 속에 나를 놓아두고, 바다를 거쳐온 시원한 바람에 나를 태워두었다. 바닷가에 커다란 그물막이 있고 그 아래 침상이 놓여 있었다. 그곳에 앉아 호수 같은 바다를 보았다. 물빛 고운 가운데로 멀리 양식장까지 세 사람을 태운 작은 배가 물살을 가르고 천천히 움직였다. 우리는 한가함 속에 그렇게 편히 앉아 있었고 시간은 정지한 듯했다. 새도 하늘을 날다 멈추어 섰고, 햇빛 역시 작은 물결 위에서 졸고 있고, 바람도 흐르다 서 있는 듯했다. 우리는 한가함 속에 모든 동작 모든 생각을 벗어두었다. 평화는 소리 없음이고, 무위이며, 멈춰 서 있음이다.

문득 심심하다는 단어가 떠올랐다. 심심하게 먹어야 속이 편한 법이다. 마찬가지로 심심하게 살아야 생각이 맑아지나 보다. 노래하고 술 마시고 춤을 추는 것이 모두 심심해서 그런 것이다. 재미있게 논 다음 날 아침은 늘 목이 마르고 속이 쓰리고 머리가 아프다. 심심해서 몸이 뒤틀려야 새로운 생각에 잠기게 된다. 문화는 심심함에 지친 사람들이 심심함을 이기기 위해 만들어낸 놀이라는 생각이 들었다. 심심함이 없으면 창조도 없다. 불행하다고 인식한 사람들만이 변화를 만들어내고, 심심한 사람들만이 심심함을 벗어날 수 있다.

노동은 심심함을 이기는 아주 생산적인 일이긴 하지만, 노동이 바쁨을 만들어내면 우리는 석고처럼 된다. 바쁨은 새로움의 천적이다. 머리는 죽고 손발은 헉헉대는 것이 바로 바쁨의 모습이다. 바쁨은 전염성이 아주 강하다. 휴가조차 바쁘게 하고 쉼조차 바쁨으로 가득 채운다. 결국 심심한 것을 참을 수 없게 만든다. 사람들은 그렇게 해서 모두 똑같아지는 것 같다.

바닷가에서 늦은 점심을 먹고 떠날 때가 되었다고 생각하자, 시계 소리가 다시 들리기 시작했다. 머리는 다시 계산을 하기 시작했다. 서울로 가는 비행기 시간에 맞춰 쉬고 있던 감각이 다시 바쁘게 작동하기 시작했다. 여행 세계의 문이 서서히 닫히고, 우리는 다시 일상 속으로 되돌아왔다.

세상에서 가장 아름다운 사업

이런 상상을 한번 해보자. 당신은 매일 열심히 일한다. 낮에도 일하고 밤에도 일한다. 열심히 일한 당신은 어느 날, 홀로 호수가 있는 숲 속으로 쉬러 간다. 그리고 호수를 바라보며, 내게도 지금보다 더 좋은 시절이 있으면 좋겠다고 생각한다. 이때 호수 한복판에서 수염이 허연 신령님이 나타난다. 당신은 매우 놀라 달아나려고 한다. 이때 산신령이 이렇게 말한다.

"놀라지 마라. 열심히 일했으니 소원을 들어주마. 네가 가장 소중하게 생각하는 다섯 가지 단어를 말해보아라. 다 들어줄 테니 하나씩 말하거라."

이거, 횡재다. 뭘 말할까. 이 이야기 속의 주인공이 바로 당신이라고 할 때, 당신이 소중하게 여기는 다섯 가지 단어는 무엇인가? 어쩌면 돈이 가장 먼저 튀어나올지 모른다. 그게 있으면 뭐든지 자유롭게 다 할 수 있을 테니까. 그동안 돈이 원수였으니까. 그러다가 정신을 차리고 나면 건강도 소중하고, 가족도 소중하고, 친구도 소중하고, 나도 소중하고, 꿈도 소중하고, 사랑도 소중하고, 명예도 소중하고, 일도 소중하고…… 돈으로 할 수 없는 소중한 일도 참 많다는 것을 알게 된다. 당신은 머리를 짜내 그중에서 다섯 가지 소중한 단어를 고르고 산신령님은 고맙게도 이 소원을 모두 들어주었다. 그래서 참 멋진 인생을 7년 동안 살게 된다.

그런데 문제가 생겼다. 7년이 지나 다시 나타난 이 산신령이 앞으로 7년마다 하나씩 소중한 단어를 빼앗아가겠다고 통보한다. 사람은 혼자 그렇게 행복해서는 안 되기 때문에 그동안 누린 것을 하나씩 내놓으란다. 당신에게 참 어려운 고민이 닥쳤다. 도대체 무엇부터 내놓아야 할까? 당신이 마지막까지 꼭 붙들고 싶은 소중한 것은 무엇인가? 실제로 이와 비슷한 질문을 여러 나라 사람에게 물어본 적이 있다고 한다. 재미있는 것은 미국인의 경우 가장 많은 사람들이 꼭 쥐고 놓지 않은 제일 소중한 것이 시간이었다고 한다. 한국인들은 무엇을 끝까지 쥐고 있었을까? 바로 가족이었다. 당신의 경우는 어떤가?

가족처럼 복잡한 것이 없다. 프랜시스 베이컨은 "좋든 나쁘든 큰 사업에 처자식은 방해물이다"라고 말했다. 베트남의 존경받는 국부 호치민은 나랏일 하는 사람이 가족에게 마음을 기울이면 공정할 수 없다고 생각해 평생 독신으로 지냈다. 재치 있는 독설로 유명한 버나드 쇼는 "가정이란 딸에게는 지옥이고, 아내에게는 노동현장"이라고 말하기도 했다.

그러나 가족에 대한 사랑은 본능적인 것이며, 건강한 사회의 기초다. 가족들이 평화롭게 머물 수 있는 따뜻한 가정을 만들어내지 못하면, 쉴 곳은 어디에도 없다. 먼저 자신의 가족을 사랑하지 않고는 회사나 사회나 국가나 인류를 위한 사랑도 자라기 어렵다. 실제로 가장 따뜻해야 할 가정 안에서 온갖 치유하기 어려운 폭력과 상처가 발생하기도 한다. 그래서 한 가족을 잘 다스리지 못하는 사람을 나라의 지도자로 뽑으면 안 되는 것이다. 가정의 경영이 중요한 이유다.

사회에서 당한 억울함과 상처를 위로받고, 마음의 평화를 얻을 수 있는 가장 아름다운 휴식처로서의 가정은 어떻게 만들어질까? 행복한 가정은 다행스럽게도 모두 닮아 있다. 몇 가지 예를 들어보겠다.

그들은 모두 서로 기쁨을 나눌 줄 안다. 내가 알고 있는 한 사람은 초등학교에 다니는 아이가 둘 있는데 1년에 한 번은 가족 모두와 함께 꽤 긴 여행을 다녀온다. 비용이 만만치가 않다. 그러나 그는 아까워하지 않는다. 다른 비용은 모두 검소하게 쓰지만 가족 여행은 꼭 한다. 가족도 서로 확인할 수 있는 많은 기쁨을 공유할 때, 서로를 위한 기쁨이 되려고 한다는 것을 잘 알고 있기 때문이다. 그의 지론은 아이들이 커서 자신의 일에 몰두하게 되면, 가족 여행조차 함께하기 어렵기 때문에 아이들이 자라나는 십여 년 정도는 기쁨을 추억으로 간직할 수 있도록 해야 한다는 것이다. 여행은 사람들이 가장 좋아하는 기쁨 중의 하나다. 그러나 이런저런 이유로 뒷전으로 밀리는 것이 바로 여행이다. 늘 돈과 시간의 덫에 걸리기 때문이다. 그러나 중요한 것은 우선순위다. 가족과 함께하고 싶은 멋진 것을 위해 조금씩 돈을 모아가는 것도 커다란 즐거움이라는 것을 해본 사람들은 안다. 영화도 같이 보고, 음악회도 함께 가고, 먼저 서로 잘 놀아 기쁨을 나누면 웃음이 많아진다. 웃음이 많은 곳, 그곳이 가장 좋은 휴식처다.

행복한 가정은 어려운 일이 생길 때 더욱 공고해져 서로 안아 쉬게 한다. 나는 한 사람이 빠듯한 월급으로는 생활이 어려워 좀 잘살아보려고 시작한 무리한 투자에 실패한 후 가정마저 깨지는 것을 보았다. 나쁜 일이 생기고, 서로 조금씩의 잘못을 소리쳐 공격하다 보면 감정이 점증되어 격앙되고 송곳처럼 상처를 주고 이내 서로 정이 떨어져 갈라서게 된다. 작은 불행이 정말 돌이킬 수 없는 큰 불행이 되고 만다. 그러나 평화로운 가정을 만드는 사람은 자신을 먼저 성찰한다.

내가 알고 있는 한 사람은 아내가 많이 아프다. 우울증은 정신을 약하게 한다. 정말 고약한 병이다. 그 역시 그 불행에 힘들어한다. 그러나 그는 아내에게 최선을 다한다. 일찍 들어가려 애쓰고, 온화한 낯빛을 잃지 않으려 한다. 아내를 위해 노래도 만들어주고, 그녀를 위해 불러도 준다. 종종 예기치 않은 일이 발생하더라도, 그 일이 참 견디기 어려운 일일 때도 무던히 잘 참는다. 그는 기다린다. 오늘이 아니면 내일 될 수 있다 여긴다. 마치 봄바람이 얼음을 녹이듯 천천히 그러나 확고하게 기다린다. 나는 그가 건강한 아내를 되찾으리라는 것을 믿는다. 불행이 그를 더 강하고 사려 깊은 남자로 만드는 것을 보고 있기 때문이다.

평화로운 가정은 싸움을 잘 다스리는 사람들에 의해 창조된다. 싸움을 잘 다스린다는 것은 싸우지 않는다는 뜻이 아니다. 서로 의견을 내다 보면 다툴 때가 있고, 솔직한 마음을 털어놓다 보면 감정이 상할 때도 있다. 근 30년이나 떨어져 살다 만나 함께 사는 것이 부부이니, 성격도 다르고 기질도 다르고 좋아하는 취미도 다를 수밖에 없다. 그러니 크고 작은 다툼이 없을 수 없다. 나는 다툼이 없는 가정은 이상한 가정이라 생각한다. 누군가가 상대방을 꼭 쥐고 있어 다른 하나가 참기 때문에 생긴 껍질만 평화일 가능성이 크기 때문이다. 자신의 감정에 충실하고 서로 잘 이해하기 위해 불가피한 소통 과정이 바로 갈등과 다툼이다. 중요한 것은 다툼이 있더라도 상처를 주지 않는 기술이며, 빨리 화해하는 기술이다. 나는 이 기술을 '교전의 원칙'이라 부른다. 방법은 간단하다.

폭력을 쓰지 않고, 욕하지 않고, 문제가 된 그 일 하나만 따지되 지난 일을 들먹이지 않는다. 그리고 어떤 경우든 상대에 대한 증오를 그날 밤 안에 풀고 함께 잠든다.

이것이 전부다. 쉽지만 어려운 일이다. 나는 그러고 싶은데 상대가 그렇지 않은 것 같은가? 그래서 한번 제대로 본때를 보여주고 싶은 마음이 드는가? 바로 그 분노만 제어하면 다툼도 훌륭한 전우애로 전환될 수 있다.

살다 보면 느끼는 것이 많다. 인생은 어느 때나 멋진 배움들로 가득하다. 인연이 닿아 남편과 아내가 되고 부모와 자식이 되었으니 사랑할 수 있을 때까지 사랑하고, 사랑할 수 없을 때도 사랑하다 보면, 사랑으로 인생을 채울 수 있을 것이다. 아름다운 휴식처란 짧은 수영복을 입고 파라솔 밑 긴 의자에 편안히 앉아 시원한 맥주를 마시는 하얀 해변만이 아니다. 사랑이 있는 곳, 그곳이 바로 감동이 있는 인생의 휴식처다. 아내의 감탄, 남편의 감동, 이것이 바로 직장과 사회에서 소진된 에너지를 무한 리필할 수 있는 전원인 것이다. 세상에서 가장 아름다운 가정 하나 만들어내자. 이것은 세상을 탓하기 전에 내가 할 수 있는 가장 보람 있고, 위대한 프로젝트다. 더욱이 그것은 나만이 해낼 수 있는 아름다운 사업이 아닌가.

떠나지 않고는 찾을 수 없다_프리드리히 니체 1

이럴 수가 있나? 니체를 읽다 나는 깜짝 놀란다. 그리고 실망한다.

니체는 두 권의 자서전을 썼다. 한 번은 삶의 초기에 또 한 번은 삶의 말기에 썼다. 니체에게 철학을 한다는 것은 자신의 삶을 실험한다는 것이었다. 자신의 삶은 철학의 시작이자 끝이었다. 따라서 자신의 삶에 대해 쓰지 않을 수 없었다. 자신에 대해 글을 쓰는 것, 그것이 니체에게는 그야말로 모든 것이었다. 그리해 자신의 생각대로 살고, 삶에 따라 몸으로 사유했다.

나는 50이 되던 해부터 매 10년마다 자서전을 쓰기로 마음먹었다. 그리해 첫 번째 자서전, 《마흔세 살에 다시 시작하다》

를 썼다. 나 역시 나의 삶이 기록되어야 하고, 나 역시 내 삶이 나의 모든 것이라고 생각했다. 내 삶이 나의 연구의 대상이고 내 삶이 나의 예술이라 생각했다. 니체를 모방하려 하지 않았지만 나는 그를 따른 것이 되었다. 그리해 실망했다. 그러나 또한 흥미롭다. 누군가가 나와 같은 생각으로 나를 지지해준다는 것은 얼마나 경이로운 응원인가?

니체의 삶에 대한 사유를 관통하는 일관된 생각은 삶의 예술가 정신이었다. 언젠가 그가 말했다.

"Wir aber wollen die Dichter unseres Lebens sein."

(우리는 우리 삶의 시인이고자 한다.)

나는 변화경영 전문가로 마흔세 살에 제2의 인생을 시작했다. 그리고 50의 중반에서 '변화경영의 사상가'로 나를 부르고 있다. 그러다가 마침내 나는 시인이 되고 싶어 한다. 이미 내 명함의 한 자락에 'Life As a Poem'이라는 글귀를 맞추어 두었다. '삶을 시처럼 산다', 이것이 말년의 내 인생의 등불이 되게 하려 했다.

니체를 읽다 나는 실망한다. 1844년에 태어나 1900년에 죽은 그가 이미 그렇게 살고 싶어 했었다. 또 그는 나를 앞지른다. 그러나 또 얼마나 훌륭한 응원인가?

언젠가 철학사가 들뢰즈가 이런 말을 한 적이 있다. 자신은 철학사를 뒤적이다 마음이 끌리는 철학자를 만나면 그 철학자를 뒤에서 덮쳐 '계간鷄姦을 했다'고 말이다. 예를 들면 칸트 철학에 대한 주해서는 칸트를 뒤에서 덮쳐 만들어낸 칸트와 자신의 사생아인데, 아마 칸트가 본다면 놀라 자빠질 만큼 끔찍한 얼굴을 한 사생아라는 것이다. 또 니체에 대해서는 "니체를 뒤에서 덮쳐 사생아를 만들려고 하니, 어느새 니체가 나를 덮치고 있더라"고 말한 적이 있다. 니체에 대한 생각이 자신의 사생아가 아니라 니체의 사생아였다는 뜻이다. 아마 들뢰즈의 사유에 니체의 영향이 지대했다는 뜻일 것이다.

나는 오늘 생각한다. 니체는 얼굴이 없다. 너무도 무수한 얼굴을 가지고 있어 그가 누구인지 알 수 없다. 변모의 달인이며 변신의 귀재다. 디오니소스인가 하면 쇼펜하우어이고 바그너이며 자라투스트라다. 그는 "계속되는 변화를 통해 자신에게 주어진 정체성을 잃어버림으로써 자기를 생성할 수 있다"고 주장한다. 니체는 방랑자였다. 늘 떠나라고 말하는 사람이었고 항상 떠나온 사람이었다. 그가 옳다. 항상 자신을 떠나지 않고는 자신을 찾을 수 없다.

다시 태어난다는 것

현자들은 영혼의 목소리를 들으라고 해

옳은 말이지

근데 육신의 목소리는 어떻게 해

육신의 목소리를 거부할 수 없어

황홀한 이 몸을 가지고 있으니

골치가 아파졌어

그래서 이렇게 외쳤어

육신과 영혼이 가자는 대로 가거라

그랬더니 난리도 아니게 이 두 놈이 서로 싸우는 거야

어느 날 육신이 찾아와 이렇게 말하더군

아무도 읽어주지 않는 절망 속에서

10년 20년을 기다릴 수 있어?

대중이 열광하는 베스트셀러 작가가 되어야 해

그랬더니 영혼이 그러더군

네 길을 가거라

젠장 내 길이 무언지 알 수 없어

그때

문득 자살이 뭔지 알게 되었어

자살은 어떤 시간대의 삶에서

삶에 대한 자세 자체를 죽이는 거야

다른 삶을 살기 위해

이 삶을 고집하는 시끄러운 육신을 죽이는 거지

다시 살기 위해

죽어야 하는 죽음은 영적인 죽음인데

덜컹 육신을 죽여버리는 거야

전구가 깨지면

빛도 사라져

죽일 때는 죽어도 죽지 않는 놈을 죽여야 해

처음 영혼을 죽여 사막에 버렸어

그러자 그놈이 다시 돌아왔어

이번에는 활활 타오르는 불길에 던져 넣었지

그러자 그놈은 다시 살아 되돌아왔지

이번에는 그놈을 죽여 꿀꺽 삼켜버렸어

안 돌아오는 거야

덜컥 무서워져 불러보았어

영혼아 어디에 있느냐

그러자 내 영혼이 대답했어

네 몸 안에 있지

드디어 그놈이 있을 곳에 있구나

육신의 안에 들어가 있구나

난 아주 기분이 좋아졌어

누구나 자신의 이야기, 즉 자신이 주인공인 신화 하나를 만들어 갖기를 바란다.
매일 아침 나는 스스로 훈련한다. 아침에 일어나 불가능한 일 하나를 꿈꾸기 시
작한다. 그것은 어제 꾸었던 꿈의 연장일 때도 있고 불현듯 떠오른 다른 꿈이기
도 하다. 어쨌든 나는 현실이 아닌 비현실 하나를 믿는 훈련을 한다. 내 마음대
로 해볼 수 있는 세상 하나를 창조해보는 연습을 한다.

가을 —
길이 갈라지는 곳에서

시도하라,
한 번도 실패하지 않은 것처럼

"축구는 실패투성이의 게임이다. 골을 만들어내려고 수많은 드리블과 패스를 시도하다가 겨우 한두 골로 승부를 결정짓는 경기다. 그 숱한 시도들은 대부분 실패한다. 따라서 축구는 실패를 컨트롤하는 경기다."

축구에 대해 이렇게 멋진 정의를 내린 사람은 히딩크다. 오랫동안 그를 코치로 보좌했던 베어백 감독은 히딩크를 '관찰자'라고 말한다. 그는 분석적이고, 냉정하며, 쉽게 감정을 드러내지 않고, 비디오 분석가를 늘 중용했다. 경기장에 8~16대까지 특수카메라를 설치해 경기 장면을 낱낱이 촬영했다. 선수들 저마다 패스의 성공과 실패뿐 아니라 전체적인 활동량이 그대로 기록된다. 간혹 카메라가 선수를 놓치면 현장 분석 요원들이 보정한다. 데이터를 모아두고 특징을 기록하고 재구성함으로써 새로운 지식을 얻어낸다. 그것이 그의 성공의 원인이었다. 실패의 컨트롤이 성공의 원인이라는 아이러니는 참으로 삶을 닮았다. 우리가 적어도 2002년 월드컵 이후 축구에 매료된 이유일 것이다.

우리는 실패를 두려워한다. 그렇기 때문에 삶이라는 경기장에서 졸렬한 축구를 하는 것이다. 현란한 드리블도 멋진 패스도 강력한 슛도 해보지 못한 채, 그저 공을 기다리고 모처럼 공이 오면 내놓지 않으려 한다. 생각 같아서는 그저 성공이라는 축구공을 가슴에 꼭 안고 풀밭 위에 주저앉고 싶은 것인지도 모른다. 나는 우리의 삶이 골을 넣기 위한 실패투성이기를 바란다. 그 수많은 시도, 그것을 실패라고 부르지 말자. 그 실패를 지금부터 시도라고 부르자.

"나는 얼마나 많은 실패를 했는가?" 하고 물으면 실패가 많을수록 삶은 암담하겠지만, "나는 얼마나 많은 시도를 했는가?" 하고 물으면 많을수록 좋다. 인식과 언어의 힘이다. '실패가 곧 시도'라는 인식이야말로 실패의 경영이 시작하는 출발점이다. 이제 우리는 이렇게 말하자.

"시도하라, 한 번도 실패하지 않은 것처럼."

이런 표어를 걸어두자. 그리고 매일 시도하자. 다음 두 가지 원칙을 일상으로 불러들이자.

첫째, 실패보다 한 번만 더 많이 시도하자. 꿈을 가지되 그 꿈의 노예가 되지 않을 수 있다면, 멈춰야겠다고 여겨질 때 한 번만 더 해보는 것이다. 굴복하지 않는 시도, 그것이 곧 성공이다. 담배를 끊는 일에 실패했다면, 다음 날 한 번 더 담배를 피우지 않겠다는 결심을 시도하는 것이다. 영어공부를 매일 하는 것에 실패했다면, 다음 날 한 번 더 영어 책을 펼치는 것이다. 하루도 거르지 않고 아침마다 운동장을 열 번 도는 일에 실패했다면, 다음 날 다시 운동장으로 나서보는 것이다. 내가 가장 중요하게 생각하는 것을 수련하겠다는 결심이 와해되는 것을 막고, 작심삼일로 끝나지 않게 하려면 반복의 중단을 막아야 한다. 하루를 걸렀다면, 다음 날 다시 한 번 해보는 것이다. 결심이 무너지는 것보다 한 번 더 많은 결심을 하자. 그러면 그 결심은 지켜진다. 나는 그렇게 해 꿈이 무수히 자신을 일으켜 세우는 것을 보았다.

둘째, 시도가 단순 반복에 그치지 않고 창의적 시도가 되도록 새로운 요소를 가미하자. 매일 독서를 해 1년에 50권의 책을 읽게 되었다고 하자. 그러나 머릿속에 남는 것이 많지 않다면 독서 방식에 변화를 주어야 한다. 밑줄을 치면서 읽자. 다 읽고 나서 밑줄 친 부분을 컴퓨터에 옮기면서 다시 음미하자. 강렬하게 다가오는 구절은 따로 떼어내 '나를 움직인 한 마디'라는 파일에 넣어두자. 그리고 응용하자. 프레젠테이션에도 인용하고, 팸플릿을 만들 때도 인용하고, 편지 쓸 때도 인용하자. 그러면 독서는 훨씬 흥미진진한 사상과 언어의 채집 과정이 된다. 모든 배움과 훈련은 그 과정에 대한 진화를 요구하며, 방식의 변화에 따라 효과는 급증하게 마련이다. 실패한 방법을 답습하면서 여전히 좋은 결과를 기대한다면 우둔한 것이다. 현명한 사람은 성공할 때까지 방법을 달리해본다.

자, 이제 키플링의 시를 기억하자. 그리고 그 스피릿이 스며들게 하자.

만일 인생의 길에서 성공과 실패를 만나더라도
그 두 가지를 똑같은 것으로 받아들일 수 있다면
그리고 만일 네 생애를 전부 바친 일이 무너지더라도
몸을 굽혀 낡은 연장을 들고 그것을 다시 일으켜 세울 수 있다면

그렇다면 세상은 너의 것이며 너는 비로소 한 사람의 어른이 되는 것이다

그렇다. 실패는 없다. 오직 무수한 시도가 있을 뿐이다.

염소처럼 살아가는 호랑이

아름다움을 위해 나는 죽었지— 그런데 무덤에

적응되자마자, 진실을 위해 죽은 사람이

바로 옆방에 눕혀졌지—

그는 내게 '왜 실패했냐?'고 속삭이며 물었지

'아름다움을 위해' 나는 대답했지—

'그래 나는— 진실을 추구하느라— 그것들은 한 몸이니—'

'우리는 형제로군' 그는 말했지

그래서 우리는 가까운 친척처럼 밤에 만나—

무덤의 방을 사이에 두고 이야기를 나누었지—

이끼가 번성해 우리의 입술에 닿을 때까지—

그래서 우리의 이름을 덮어버릴 때까지—

—에밀리 디킨슨(Emily Dickinson), 〈아름다움을 위해 나는 죽었지〉

위대한 사람은 꼭 성공한 사람이 아니다. 그들은 반드시 한 때 세상으로부터 이해받지 못하는 고독과 고통을 겪은 창조적 부적응자이기도 하다. 이 시에서처럼 아름다움을 위해 죽고, 진실을 위해 죽은 세속의 실패자들이기도 하다. 나는 평범한 인간 속에 살고 있는 위대함에 열광한다. 자신의 삶 속에서 그 위대함을 끄집어내 훌륭한 인생을 살아가게 될 평범한 사람들의 잠재력에 몰두한다. 가끔 그것이 세속적 성공이 아니더라도 슬퍼하지 말자. 달력의 마지막 장을 넘기며 나는 내 인생이 돈이 아니었음에 오히려 감사한다.

나는 이런 이야기를 들은 적이 있다. 그리고 내가 좋아하는 이야기가 되었다.

암호랑이 한 마리가 있었다. 새끼를 배고 있었는데 오랫동안 굶주린 상태였다. 어느 날 염소 떼를 발견하고 필사적으로 달려들었다. 어찌나 용을 썼던지 그만 새끼를 낳고 죽어버리고 말았다. 뿔뿔이 흩어져 도망갔던 염소들이 돌아와 보니 어미 호랑이는 죽어 있고 갓 태어난 새끼 호랑이가 울고 있었다. 불쌍히 여긴 염소들은 대신 새끼 호랑이를 키웠다. 호랑이는 메에 하고 우는 법을 배웠고 풀을 먹는 법도 배웠다. 호랑이에게 맞지 않은 음식이었으니 그 새끼 호랑이는 참으로 볼품없는 비실이가 되어갔다.

새끼 호랑이는 사춘기에 이르렀다. 어느 날 커다란 호랑이가 염소 떼를 덮쳤다. 염소들은 사방팔방으로 도망갔지만 비실이 새끼 호랑이는 도망도 못 가고 멍하니 서 있었다. 큰 호랑이가 새끼 호랑이를 보자 놀라 물었다.

"뭐야 너, 염소들과 사는 것이냐?"

"메에에……" 새끼 호랑이가 대답했다.

큰 호랑이는 기가 막히고 화가 났다. 몇 번 쥐어박아 주었지만 새끼 호랑이는 염소 소리로 울 뿐이었다. 그러자 큰 호랑이는 새끼 호랑이를 끌고 잔잔한 호숫가로 데려갔다. 새끼 호랑이는 난생처음 자기의 얼굴을 보았다. 큰 호랑이는 자기 얼굴을 그 옆에 가져다 대고 말했다.

"이것 봐. 너와 나는 같지? 넌 염소가 아니라 호랑이다. 알았느냐? 네 모습을 마음에 새겨 호랑이가 되어라."

새끼 호랑이는 이 메시지를 이해했다. 큰 호랑이는 새끼 호랑이를 데리고 동굴로 갔다. 그곳에는 피가 뚝뚝 떨어지는 영양의 고기가 있었다. 큰 호랑이가 한 입 베어 물며 말했다.

"너도 먹어라. 마음껏 먹어."

그러자 새끼 호랑이가 말했다.

"나는 채식주의자인데요."

"헛소리하지 마라."

그리고 고기토막 하나를 입에 찔러넣어 주었다. 새끼 호랑이는 숨이 막혀 캑캑댔다.

"씹어라. 호랑이는 도망칠 수조차 없는 풀은 먹지 않는다. 달려들어 생명을 잡아먹고 생명으로 살아가는 것이다."

새끼 호랑이는 고깃덩어리라는 새로운 깨달음 앞에서 캑캑댔지만 그럼에도 불구하고 그것을 자기의 몸속과 핏속으로 받아들였다. 그것이 올바른 먹이였기 때문이다. 새끼 호랑이의 포효가 터져 나왔다. 최초의 호랑이 울음소리였다. 드디어 호랑이의 몸에서 염소라는 과거가 뚝 하고 떨어져 나갔다.

우리 모두 염소처럼 살아가는 호랑이들이다. 사회 속에서 조직 속에서 그렇게 길들여졌다. 우리는 어느 때 호랑이로서 자기 얼굴을 인식하게 될까? 그리고 호랑이로 포효하며 살아가게 될까? 나는 이 질문에 대답하고 싶다. 그러나 오해는 하

지 말기 바란다. 내가 염소는 싫어하고 호랑이는 좋아한다고
말이다. 내가 미워하는 것은 다만 우리 속에 지금의 우리보다
훨씬 더 깊고 더 높은 것이 있다는 사실을 깨닫지 못하고 자
신이 되지 못한 채 다른 사람으로 살고 있는 졸렬한 현재다.

　나는 누구나 자신의 이야기, 즉 자신이 주인공인 신화 하나
를 만들어 갖기를 바란다. 매일 아침 나는 스스로 훈련한다.
아침에 일어나 불가능한 일 하나를 꿈꾸기 시작한다. 그것은
어제 꾸었던 꿈의 연장일 때도 있고 불현듯 떠오른 다른 꿈이
기도 하다. 어쨌든 나는 현실이 아닌 비현실 하나를 믿는 훈
련을 해본다. 내 마음대로 해볼 수 있는 세상 하나를 창조해
보는 연습을 한다. 그러면 훨씬 괜찮은 글을 쓸 수 있게 된다.
이런 정신적 근육의 훈련이 나를 젊게 만든다. 젊은 사람들이
부르는 노래를 따라 부르지 않아도 열린 마음의 젊은 정신을
갖고 있다는 것을 믿게 된다. 스마트폰을 쓰지 않아도 나는
그 이상을 만들어낼 수 있다는 생각을 버리지 않는다.

　나는 이 훈련 방법을 루이스 캐럴의 소설, 《거울 나라의 앨
리스Alice Through The Looking Glass》에서 배웠다. 그렇다. 우리는 꿈
꾸는 법을 훈련해야 한다. 불가능한 꿈을 꿀수록, 매일 그 불
가능을 믿는 훈련을 통해 우리의 정신 근육은 단련된다. 불가

능한 일을 믿을 수 없다고? 그것은 소용없는 일이라고? 그럴지도 모른다. 그러나 인류가 만들어낸 위대한 일 가운데 어느 하나도 한때 불가능하지 않았던 적은 없다. 누군가가 꿈을 꾸고 목표를 정하는 순간 그것은 현실의 세계로 이끌려 왔다.

가슴에 불가능한 꿈을 품자. 매일 꿈꾸는 연습을 하자. 아침밥을 먹기 전 불가능한 일 하나씩을 믿어보자. 그때 우리는 염소에서 호랑이로 전환하게 된다.

항구를 떠나본 적 없는 배를
배라 할 수 있을까

모든 영웅은 길을 떠난다. 되돌아왔을 때 과거의 그는 사라지고 새로운 그가 나타난다. 떠나기 전에는 평범했으나 귀환한 그는 영웅이 되어 있다. 여행은 평범과 비범을 가르는 문지방이다. 그토록 많은 사람이 여행을 로망으로 안고 사는 이유인지도 모른다. 모든 신화가 인간의 원형에 대한 이야기를 안고 있듯이 우리는 여행을 통해 되살아나고 싶어 한다. 지겨운 현실을 벗어나기 위해, 지칠 대로 지친 영혼을 구제해주고 싶어서 그저 우연한 기적을 바라며 우리는 짐을 싼다. 떠나기 전부터 흥분한다. 어린 시절 하루짜리 소풍조차 얼마나 기쁘기에 잠을 설쳤는가를 돌이켜보면 여행의 힘을 느낄 수 있다.

사랑을 할 때는 함께 여행을 떠나고, 헤어진 다음에는 홀로 여행을 떠난다. 입사가 결정되고 며칠의 여유가 있을 때 우리는 짐을 싸 마지막 여유를 여행으로 누리고, 퇴사한 후에도 여행을 떠나 그동안의 일을 정리한다. 모든 단절에는, 모든 도약에는 여행이 통과의례처럼 자연스럽게 우리의 마음을 비집고 들어온다. 그래서 인류의 마음속에 각인된 여행의 모습은 다른 세상으로의 탐험이고 모험이다.

여행은 단순한 놀이나 휴식이 아니다. 그것은 그 이상이다. 직장인들이 여행으로 휴가를 쓰지 못하는 것은 그저 얼마쯤의 휴식의 상실이 아니다. 현실에 묶인 것이고, 두려움에 묶인 것이다. 빠듯한 돈에 대한 두려움, 컨베이어벨트를 따라잡아야 하는 종종걸음의 두려움, 바쁨의 고리에서 빗겨난 후 불협화음에 대한 두려움, 휴가의 반납을 열정의 증거로 보는 상사의 눈초리에 대한 두려움, 다시 다른 사람과의 보조를 맞추어야 하는 두려움이 삶을 지배한다. 꿈 따위는 두려움에 가려 힘을 쓰지 못한다. 그들은 삶을 두려워한다. 그래서 나는 여행을 떠나지 못하는 사람들을 아직 중요한 인물이 될 준비가 되지 않은 사람이라고 생각한다. 바쁜 사람들, 그들이 바로 찢어지게 가난한 사람들이다.

직장을 다닐 때 나는 한 번도 여행다운 여행을 해보지 못했다. 아내와 아이들과 며칠 아수라장을 뚫고 어딘가를 다녀오면 의무방어전을 마친 것이다. 그것은 휴식이라기보다는 또 다른 전투였던 것 같다. 돌아다니기를 좋아하는 나는 직장생활 내내 여행에 대한 그리움으로 지쳐갔다. 입사 16년 되던 해, 참지 못하고 한 달간의 휴가를 신청했다. 그리고 지리산으로 들어가 한 달간 포도 단식을 했다. 그것은 나의 내면 여행이었고, 그때 나는 작가의 길을 찾게 되었다. 넋 나간 듯 매일 글을 썼고, 지리산에서 돌아온 다음 매일 새벽 계속 글을 써나갔다. 새벽은 매일의 신성한 성소가 되었고, 이른 새벽에 나는 하루를 글로 시작했다. 회사 사람들은 내가 좀 특이한 사람이라고 생각했다. 나는 한 동료의 말을 기억한다.

"알 수 없는 일이다. 글을 쓰기 전에 그는 그저 평범한 사람이었는데, 책을 쓴 다음에는 그의 말이 모두 옳게 들린다."

우리는 웃었다. 그리고 내가 떠날 때가 되었다는 것을 알게 되었다. 첫 책이 나온 후, 나는 매년 책을 출간했고, 3년 뒤 회사를 떠났다. 회사를 나온 후 내가 한 첫 번째 일은 여행이었다. 아내에게 10년 근무에 한 달씩 모두 두 달간의 휴가를 달라 했다. 40대 중반의 나이에 배낭을 메고 남도를 쏘다녔다. 그때 나는 자유를 찾아 길로 나선 사람이었다. 그러나 나는 두 달을 다 쓰지 못했다. 매일 30킬로미터씩 걸으며, 50일 정도를 거리에서 밥을 먹고 발길 머무는 곳에서 아무 여관이나 민박을 찾아들어가 잔다는 것은 고된 일이었다. 그때 알게 되었다. 조금만 더 일찍 여행을 시작했다면 두 달을 다 즐길 수 있었으리라는 것을. 나는 내가 즐길 수 있을 때까지만 길 위에 머물고 싶었다. 집으로 돌아와 수염을 깎았다. 길을 떠난 후, 한 번도 면도를 하지 않았기 때문에 수염은 길고 부드러워져 있었으나 일상으로 돌아왔기에 일상의 질서로 복귀했다. 그러나 나는 이미 길을 떠나기 전의 내가 아니었다. 월급쟁이에서 1인 기업가로 전환하게 되었다. 이 두 번의 긴 여행이 없었다면 나는 작가가 되지도 못했을 것이고, 1인 기업가로 성공하지도 못했을 것이다.

삶 자체가 여행이다. 생명이 시작할 때 죽음도 같이 시작된다. 인생의 중반에 이르러 생명의 양과 죽음의 양은 절반씩 인생을 양분한다. 마치 낮과 밤처럼. 하루가 빛과 어둠으로 만들어지고, 삶이 생명과 죽음으로 짜여 있다는 것은 재미있다. 나는 빛과 그림자 사이를 걷는다. 뜨거우면 나무 그늘에 앉아 쉬고, 추우면 햇빛 쪽으로 나온다. 여행은 질서에 지친 사람들이 자유를 찾아 길로 나서는 것이며, 길 위의 나그네로 지내는 자유에 지치면 다시 일상의 질서로 되돌아오는 것이다. 다른 사람 속에서 나를 보고, 내 속에서 다른 사람을 본다. 그리해 여러 모습으로 살아보는 것이다. 여행을 하지 않는 사람은 그러므로 여러 인생을 살아보지 못한다. 인생이라는 무대에서 한 번도 다른 배역을 맡아보지 못하고 한곳에서 하나의 배역에 그치고 말 때, 그것은 아마 항구를 떠나본 적이 없는 배와 같다. 그것을 배라고 부를 수 있을지 모르겠다.

우연히 열어젖힌 책 속에 이런 구절이 나온다. "집에서 기르는 소처럼 1년을 살기보다는 하루라도 들소가 되라" 이윽고 "가장 많은 바다와 가장 많은 대륙을 본 자는 행복할지니"라는 글도 뒤따라 나온다. 어찌 이 순간에 이런 절묘한 글이 나타났단 말인가! 이제 알았다! 여행이란 이렇게 세계의 아무 곳이나 펼치는 것이고, 그때 꼭 맞게 나를 위한 장면을 우연히 만나게 되는 것이다. 그때 그 장면으로 나의 가슴이 열리는 것이고 이윽고 세상도 더 넓어진다. 이것이 내가 여행을 즐기는 이유다.

내가 당당해지는 곳으로 가라

자기혁명의 법칙은 매우 자명하다. 지금에 무관심하고 무기력한 사람은 변화할 수 없으며 그들은 각성에 이를 때까지 그렇게 살아야 한다는 것이다. 때가 되면 알게 될 것이고 그때 변화해야겠다 깨닫는다. 늦을수록 치러야 할 대가는 커지지만 늦더라도 그때가 가장 빠른 때다. 그때까지는 별수 없이 기다려야 한다. 아직 때가 되지 않은 사람, 그 사람을 나는 결코 도와주지 않는다. 어렵다는 것을 알기 때문이다. 다른 것도 그렇지만 변화 역시 스스로 깨달아 바꾸려고 해야 바뀐다. 현실을 받아들이고 그것을 바꾸려고 결심한 사람, 그 사람들에게만 변화의 길이 열려 있다.

변화해야겠다 마음먹으면 실천해야 한다. 변화는 곧 실천이기 때문이다. 내가 체득한 바로, 변화를 실천하는 좋은 방법 두 가지가 있다.

첫째는 다른 머리들은 다 자르고 남은 머리 하나를 잘 키우는 것이다. 실천을 막는 가장 큰 장애는 머리가 많은 것이다. 이것저것 생각이 많으면 실천은 더디고 한번 실천했다 하더라도 끝까지 가지 못한다. 의심하기 때문이다. 노력은 힘들고 갈 길마저 흔들리면 누구나 버티기 어렵다.

"메두사의 머리를 자르라. 그리고 그 피 흘린 자리에서 날개 달린 천마를 탄생시켜라. 그래야 하늘을 날 수 있다."

이것이 내 변화의 주술이다. 특히 재능이 많은 사람들은 한 곳에 몰입하기 어렵다. 이 일도 좋아 보이고 저 일도 재미있어 보이면 어떤 하나도 경지에 이르기 어려워진다. 하나에 전념하라. 이것이 바로 경영의 기초인 '선택과 집중'이다. 이때 유의할 점은 무엇을 선택하더라도 그 수준은 예술적 경지를 추구해야 한다는 것이다. 예술이란 사물을 더 잘 만드는 것이다. 예술은 필요를 넘어선다. 더할 수 없는 경지, 즉 완벽을 향해 나가야 한다. 그러면 그 일이 무엇이든 그 사람은 그 분야의 예술가가 된다. 예술이야말로 가장 화려한 변모의 체험이다.

둘째는 자신만의 성소에서 매일 두세 시간씩 보내는 것이다. 이것은 자신의 정열을 '단 하나의 성스러운 예술'에 바치는 의식과 같다. 이 두 시간만은 다른 삶을 살기 위한 주의로부터 해방되어야 한다. 삶과 격리된 명상의 시간이라 여겨야 한다. 지금 쓰고 있는 이 두 시간의 실용적 용도를 묻지 마라. 그저 넘쳐나게 하라. 이 성스럽게 넘쳐남이 바로 성스러움을 경험하게 하는 경배의 시간이다.

나는 새벽에 일어나 이 시간을 갖는다. 내게 글쓰기는 성스러운 의식과 같다. 나는 생각하지 않는다. 정신이 이끄는 대로 빨려든다. 그곳에는 일상이 없다. 누구도 이 의식을 방해하지 않는다. 오직 우주에 홀로 있듯이 아무 거침없이 글에 빠져든다. 새벽이 밝아져 식구들이 깨면 나는 글쓰기를 멈춘다. 그리고 나의 삶과 일상 속으로 되돌아온다. 나는 이 두 시간 때문에 작가가 될 수 있었다. 나같이 의지박약에 가까운 사람도 10년간 계속해왔고 15권의 책을 쓸 수 있었던 것, 결정적으로 스스로 작가라고 부르며 제2의 인생으로 달려올 수 있었던 것은 이 두세 시간의 몰입 때문이었다. 나는 이때 이 책이 잘 팔릴까를 생각하지 않는다. 비평가들이나 독자의 생각도 고려하지 않는다. 잘 써지지 않는다 하더라도 나는 책상에 앉아 내가 써야 할 글들을 생각한다. 나는 나에게 충실하다. 이것이 새벽 두 시간의 성스러움이다. 이때 당신이 무엇을 하는지는 중요하지 않다. 나처럼 글을 써도 좋고 아마추어 화가가 되고 싶은 직장인은 그림을 그려도 좋다. 언어에 대한 흥미 때문에 외국어 공부를 해도 좋고, 사진작가가 되기 위한 스터디 시간이어도 좋다.

무엇이 되었든 다른 우수마발들을 다 잘라내고 선택한 단 하나의 일에 정성껏 모은 시간을 들이부으라는 뜻이다. 이렇게 매일 하면 무슨 일이든 예술가의 수준으로 그 일을 해낼 수 있는 기예를 터득할 수 있다. 이때 우리는 전문가를 넘어 창의적 예술가의 경지에 이르게 된다. 우리는 비로소 탁월한 자가 될 수 있다. 중요한 것은 희열이다. 효율성이 아니라는 점을 명심해야 한다. 이때만은 자연의 법칙을 따라야 한다. 자라고 나뭇잎을 만들고 꽃잎을 피우고 열매를 맺는 것은 속에 간직된 본성을 따르는 것이다. 바로 그렇다. 이 시간만은 밖에서 주어진 일을 하면서 시간을 보내서는 안 된다. 이때만은 자신의 희열과 열망을 따라야 한다. 그러면 구도자처럼 철벽을 뚫을 수 있는 기백을 얻게 된다.

탁월함은 인생의 매우 좋은 목표다. 나는 여러분들이 자유인으로서 자신에게 주어진 강점을 치열하게 찾아 그 일을 매우 잘 해내는 훌륭한 창의적 직업인이 되기를 희망한다. 자기 혁명과 관련해 이처럼 중요한 메시지는 없다. 주어진 재능의 크기와 관계없이 작더라도 그 재능을 다 쓰고 가는 사람이 바로 성공한 사람이다.

범을 키워야 해

청년들을 잘못 키우고 있어
오직 복종하게 만들어
사슬로 묶어두지
밥으로 묶고 관계로 묶고
권위로 묶어
이빨이 다 빠지고 발톱도 없어
늙은 동물로 순치되었어
안전한 우리에서 서로 싸울 뿐
밥만 먹여주면 어디든 좋아
청춘은 호랑이로 변하는 때야
자기를 발견해야 해

세상을 향해 시뻘겋게 울부짖어야 해

삶의 의지로

이빨과 발톱을 쑥쑥 만들어내야 해

선생을 찾아가면 스승은 강요하고

젊은 것은 강요를 좇아가지

거기서 그치면 안 돼

시키는 대로 하기를 그만하고

제멋대로 해보는 거야

스승에게 배운 모든 기법을 던져버리는 거야

그러면 외로워져

비로소 맹수가 되는 것이지

그러나

아무것도 배우지 못한 신출내기는 아니야

스승의 기법을 녹여

변용된 순수를 가지고 있어

힘이 뻗치는 젊은 맹수

외로워야 범이 되지

모든 외로운 젊음은 호랑이

들개처럼 떼로 몰려다니지 않아

일이 예술이 되는 차원

지나오고 나면 지나온 길이 어떻게 생겼는지 알게 된다. 이상한 일이지만 그 길 안에 있을 때는 잘 모르던 것을 그 길을 다 벗어난 다음에야 알게 된다. 높은 곳에 오르면 전체를 보는 힘이 강해지듯 시간적으로도 전체를 다 조망할 수 있는 시간적 포인트가 있기 때문일 것이다. 마치 학교를 졸업하고 나서야 학창 시절 전체가 보이고 여기저기 아쉬운 일들이 생각나듯, 회사를 떠나고 나서야 객관적으로 회사생활 전체를 조망해볼 수 있는 것 같다.

20년 동안 회사에 다니면서 종종 다른 사람보다 일을 적게 하는 것이 이득이라는 생각을 할 때가 있었다. 퇴근하면서 야근을 위해 저녁을 먹고 회사로 되돌아오는 사람들을 볼 때,

수고하라고 손을 흔들어주지만 내심 '저 입장이 아니어서 다행이다'라고 느낀 적이 제법 있었다. 나는 좀 게으른 사람이다. 언제나 열심히 분주하게 뛰어다니는 꿀벌 같은 사람들 부류가 아니다. 나는 일의 전체적 윤곽을 알아야 움직이고, 그 일을 좋아하면 그 일을 완벽하게 해내기 위해 안달복달하지만 다른 일에는 별로 관심을 두지 않는 종류의 사람이다. 이것은 바뀌지 않는 내 DNA여서, 스스로 이런 방식을 존중해준다. 그래서 나는 늘 나를 부지런히 몰아치는 상사는 별로 좋아하지 않았다. 그 대신 부하직원도 늘 부지런하라고 들볶지 않았다. 우리는 자기가 해야 할 일이 무엇인지 잘 알고 있었고 알아서 그 일을 했다.

부지런하다는 것은 미덕이다. 분명하다. 그런데 나는 필요에 따라 이 근면을 몰아 쓰는 것이 전략적으로 훨씬 더 유용하다는 것을 깨닫게 되었다. 말하자면 작은 댐 같은 개념이다. 매일 부지런히 흐르는 개울물은 자연의 상태여서 맑고 깨끗하다. 그 자체로 좋다. 그러나 그것은 수량이 작아 큰일을 시키기 어렵다. 종종 물을 모이게 만드는 작은 댐을 쌓아두면 큰 힘으로 쓸 수 있다. 매일 같은 일을 수없이 반복하는 일은 개울물의 부지런함으로 훌륭하게 해낼 수 있지만 새롭고 창조적이고 집중적인 일을 해내기 위해서는 치수治水의 묘가 필요하다는 뜻이다.

똑같은 일을 반복하기 위해 매일 아주 많은 야근을 하고 있다면 그 부지런함은 격무를 몸으로 때우고 있다는 반증에 지나지 않는다. 끝없는 야근을 종료하려면 지금의 프로세스에 도전해야 한다. 새로운 프로세스는 다른 사람이 만들어주지 않는다. 내가 나서서 만들어내야 한다. 시키는 일을 마치는 것, 이것이 내 직무의 전부가 아니다. 내가 해야 할 일을 잘 해내기 위해서 가장 좋은 방법을 찾아내는 것 역시 내 직무의 영역이다. 바로 이런 인식의 고양이 주도적 리더십의 핵심이다. 이때 손발의 부지런함은 두뇌의 활동으로 확장되며, 매일 반복되는 저부가가치의 일이 일의 방식을 바꾸는 프로세스의 혁신 프로젝트로 전환된다. 작은 댐을 쌓는다는 의미는 자신이 하는 일의 방식을 바꾸기 위한 자발적 프로젝트를 시작한다는 것을 말한다. 인풋의 증가를 통해 아웃풋을 높이려는 노력은 말하자면 매일 야근하는 고역에 해당한다. 그것은 한계가 있다. 혁신과 혁명은 기존의 인풋—아웃풋 고리를 단절하고 전혀 새로운 프로세스로 옮겨가는 것을 말한다.

일을 잘하느냐 못하느냐의 기준에는 크게 네 가지 수준의 차원이 있다. 가장 기초적인 단계가 초보적 부지런함의 단계다. 말하자면 성실한 초보의 단계다. 시키는 일을 열심히 해내는 것이다. 그 일을 마감시간에 맞추어 잘 끝내는 것이다. 이 수준이 바로 성실한 일꾼의 차원이다. 이때 생산성은 투입한 노력 즉 인풋의 양에 의해 결정된다. 획기적인 기술의 진보는 없다. 과거가 답습된다.

두 번째 차원은 시키는 일, 즉 과업을 달성하는 새로운 방법을 찾아내는 차원이다. 이 경우는 대체로 성과의 목표는 주어지지만 목표에 이르는 수단은 스스로 결정할 수 있는 자율성을 갖게 되는 상황에서 기존의 방법이 아닌 새로운 방법을 찾아내는 차원이다. 기존의 프로세스가 개선되고, 획기적인 효율성이 제고된다.

세 번째 차원은 지금까지 해오던 일을 하는 대신 새로운 개념의 할 일을 찾아내는 차원이다. HOW를 바꾸는 것이 프로세스 혁신 수준이며 효율성의 차원이라면 세 번째 차원인 WHAT을 바꾸는 것은 일 자체를 전환하는 것으로 효과성의 차원이다. 이 차원에서는 쉬지 않고 비즈니스 자체가 재정의되는 순간을 경험한다. 가장 창의적인 집단의 구성원들이 지니는 자세다. 예를 들어 구글은 경영자조차 자신이 어떤 비즈니스로 진화할지 잘 모른다. 서너 명으로 구성된 자율적으로 움직이는 수많은 팀들에 의해 거듭된 혁신이 만들어진다. 날마다 이루어지는 혁신에 의해서만 선두를 지킬 수 있고, 이것은 스스로 진화하게 마련이다. 그들의 시도는 80퍼센트 이상 실패로 끝나고 만다. 표현이 이상할지 모르지만 그들은 실패를 지향한다. 성공은 오히려 수많은 실패의 부산물이다. '즉각적이고 동적인 대응, 말하자면 매일매일의 광속의 적응력'으로 새로운 비즈니스 영역을 창조해나간다.

네 번째 차원은 일이 예술의 경지에 이르는 차원이다. 이때 일은 필요를 충족시키는 것이 아니라 영혼의 웰빙에 기여하는 수준에 도달하게 된다.

나는 나대로 이 네 개의 차원에 대한 정의를 내리고 있다. 첫 번째는 일을 땀으로 보는 노동의 차원이다. 두 번째는 일을 연결과 접속의 차원으로 인식하는 실험의 차원이다. 세 번째는 일이 즐거움이 되는 놀이의 차원이다. 네 번째는 일이 예술이 되는 차원이고 이때 우리는 땀 대신 피를 쏟아붓게 된다. 직업인은 적어도 두 번째 차원에 이르러야 일의 고삐를 쥐었다 할 수 있다. 여기까지는 도달해야 전문가라 불릴 수 있다. 세 번째 차원에 다다르게 되면 축복받은 것이다. 평생 경제적으로 보상받으며 놀 거리가 있으니 행운이다. 네 번째 수준에 이르면 고통스럽고 고독하다. 운이 좋으면 영광도 크다. 그러나 거부할 수 없는 천복을 따르는 길이니 인생 전체가 보답하게 된다.

나는 욕심이 많다. 회사를 다니는 동안 적어도 한 번은 일을 예술로 승화할 수 있는 경험을 해봐야 한다고 생각한다. 그 맛을 영혼에 한 번 각인시켜야 그 일에 관해서는 하늘로 오를 수 있다. 푸른 하늘에 하나의 심상을 띄워두자.

"나를 대표하는 프로젝트 하나를 피로 키우자."

지금 나의 문제를 깊이 겨냥하라

내가 좋아하는 사람 중에 조셉 캠벨이라는 비교종교학자가 있다. 멋진 사람이다. 그는 대학 교수였을 때, 무용을 하는 제자와 결혼을 했다. 강의할 때 알 수 없는 힘에 의해 마음이 들뜨는 것을 여러 번 경험했는데 그게 바로 학생인 그녀가 강의를 듣고 있었기 때문이라는 것을 알고 나서 청혼했다. 그런 그녀에게도 캠벨을 미치도록 화나게 만드는 못된 점이 하나 있었다. 그녀는 늘 약속 시간에 늦었다. 도착해야 할 시간에 집을 나서곤 했으니 보통 늦는 것이 아니었다. 이 습관은 그가 아무리 화를 내도 바뀌지 않았다. 그래서 어느 날 이 고민을 친구에게 얘기했더니 그 친구가 그러더란다.

"그건 자네에게 문제가 있는 거야. 아내가 도착하기를 바라지만 아내는 아직 오지 않아. 지금 자네는 현실이 아닌 것을 열망함으로써 그녀를 기다리면서 할 수 있는 다른 경험들을 망치고 있단 말이야."

이 충고를 듣고 캠벨은 정신적 태도를 바꾸었다. 그 후 아내를 기다리는 것은 그에게 일종의 영적 훈련이 되었다. 마음을 바꾸자 그녀를 기다리는 짜증과 화는 가라앉고 그 장소의 풍광들이 흥미진진하게 다가오더라는 것이다. 지나가는 사람들을 관찰하고, 상점 속의 진열품을 감상하거나 관심 있는 것에 대해 묻는 동안 그녀는 올 때가 되면 나타났다. 그 맛을 즐기느라 그는 종종 아내가 더 늦게 나타나기를 바라기도 했다.

세상 아내들은 남편을 기다리게 한다. 나도 아내를 기다리는 동안 이 방법을 써보니 효과가 있었다. 상황이 계획대로 되기를 바라는 동안 그 기대대로 되지 않는 현재가 늘 짜증스럽고 불만스러워 스스로 지금 할 수 있는 다른 체험들을 해볼 기회를 박탈했던 것이다. 생각의 틀을 바꾸자 이 심리적인 변화가 이전까지는 애써 견뎌야 할 상황이었던 것을 더 잘 알게 하고 사랑하게 하고 그것을 위해 봉사할 수 있게 했다.

나는 오랫동안 직장인이었다. 남의 일을 한다는 것은 지루하고 따분했다. 젊어서 더 흥미로운 일들을 찾아 기웃거렸지만 밥벌이가 될 만한 다른 일들을 찾지 못했다. 그래서 삶이 나를 이리저리 끌고 다닌다고 투덜대며 풀이 죽어 있곤 했다. 그러던 어느 날, 중요한 각성이 찾아왔는데, 직장에서의 생활이 내가 깨어 있는 시간의 3분의 2를 차지한다는 간단한 사실이 그것이다. 이 시간을 즐기지 못하면 삶의 3분의 2가 속절없이 날아가 버린다는 사실이 전율하듯 온몸을 타고 흘렀다.

그 후, 나는 맡겨진 일에 집중했다. 이 일을 가장 잘하는 사람이 되려고 애썼다. 다른 일들을 기웃대지 않았고, 승진에 연연하지 않았고, 힘 있는 부서에 줄을 대지도 않았다. 그저 잘할 수 있는 일들에 매달렸다. 경영혁신에 관한 한 최고의 인물이 되려 했고 팀원들에게도 대한민국 최고의 혁신팀이 되자고 말했다. 우리의 목표는 회사 내에서뿐만 아니라 밖의 어느 누구에게도 지지 않는 팀을 만들어내는 것이었고, 지금뿐 아니라 퇴직을 하고 난 다음에도 최고의 팀으로 작동하는 전문가 집단으로 성장하는 것이었다. 우리는 공부하고 실험했다. 함께 책을 펴내기도 했다. 나는 아시아태평양 지역의 조직의 경영을 평가하고 진단하고 컨설팅하는 경영컨설턴트가 되면서 훨씬 넓은 시야를 확보할 수 있었고, 나만의 특별한 차별성을 갖추었다. 직장에서 20년의 세월이 흘렀고, 퇴사

후 변화경영 전문가로 홀로 비즈니스를 한 지 또 10년의 세월이 지났다. 나는 여전히 변화와 혁신에 대해 책을 쓰고 강연하고 있으며 죽을 때까지 이 일을 하다 죽으리라 마음먹고 있다. 이제 이 일은 평생의 밥벌이가 되었을 뿐 아니라 명예가 되었다. 이 모든 기초는 내게 주어진 일과 내가 잘할 수 있는 일을 연결해 수련할 수 있었던 회사생활에서 비롯된 것이다.

직장이란 안절부절 떠나려는 사람에게는 별로 많은 것을 가르쳐주지 않는다. 사다리 끝에 오르는 것에만 관심을 집중하다가는 실망하기 십상인 지독히 치열한 경쟁적 전장이기도 하다. 그러나 직장은 열심히 일하는 사람에게는 열정을 바칠 수 있는 곳이고, 자신의 전문성과 차별성을 단련해 '직장 이후의 삶'을 준비하게 하는 실전의 훈련장이기도 하다.

변화는 늘 현재 문제를 겨냥해야 한다. 먼저 심리적 각성을 통해 정신적 벽을 허물어야 한다. 빵은 결국 밀의 죽음으로부터 나온다는 것을 알아야 한다. 지루함을 만나면 지루함을 죽이고, 매너리즘을 만나면 매너리즘을 죽이고, 적당주의를 만나면 적당주의를 죽여야 한다. 삶이 힘들게 찾아올수록 내면에서 더 깊은 힘을 찾아낼 기회를 갖게 된다. 근본 변화는 모두 심리적 화학 반응으로 타오르는 에너지를 빌리게 돼 있다.

삶은 위험 속에 있다_프리드리히 니체 2

어떤 삶이든 그 삶이 온전하려면 위험 속에 있어야 한다. 니체에게 그 위험은 세 가지로 다가온다.

하나는 고독이다. 자신이 누구인지 알아내려면 고독해야 한다. 그렇다. 나는 여기에 어떤 의문도 달지 않는다. 고독하지 않은 자, 자기에게 접근할 수 없다.

또 하나의 위험은 진리에 대한 절망이다. 진리는 불편한 것이다. 그는 말한다. "네가 마음의 평안과 행복을 원한다면, 믿어라. 네가 진리의 사도이기를 원한다면, 탐구하라." 진리를 좇는 것은 어렵고 험난하다. 그것은 '극도로 혐오스럽고 추할 수 있기' 때문이다. 그러므로 사람들은 불편한 진리 앞에 눈을 감고, 믿고 싶은 것을 믿으려 한다. 믿음은 편안하지만 진실은 불편하기 때문이다. 진리 앞에서 절망하라. 학문의 길은 그 불편과 절망을 추구하는 것이다.

그리고 또 하나는 자신의 한계를 넘어서려는 동경이다. 그는 신랄하게 묻는다. "그대는 진실로 무엇을 사랑했는가? 무엇이 그대의 영혼을 매혹시켰는가? 무엇이 영혼을 지배하고, 또 즐겁게 했는가? 젊은 영혼이여, 이 물음으로 인생을 돌아보라." 모든 사람은 그의 안에 찬란한 유일성을 품고 있다. 이 유일성을 깨닫게 되면 그의 주위에 비범한 자의 광채가 나타난다.

'일흔일곱 번의 껍질을 벗고', 또 벗더라도 진정한 자신을 만나기는 어렵다. 그러므로 자신에게 맞는 삶을 만들어내는 일은 죽을 때까지 지속되는 모험이다. 인간은 참으로 어두운, 너무도 많이 덮여 감추어진 물건과 같다.

아모르 파티, 운명을 사랑하라_프리드리히 니체 3

학자가 되기에는 이성만으로도 충분하다. 그러나 고통이 없다면 아마도 사상가는 되기 어려울 것이다. 사상이란 그 깊이가 아무리 깊어도 감성의 힘을 빌리지 못한다면 매혹적이지 못하기 때문이다. 사상은 인생 자체에서 비롯된 아우라가 필요하다. 그래서 사상은 빌려 올 수 없는 것이다.

그러나 사상이 종교로 둔갑해서는 안 된다. 사상은 종교적 구원이어서는 안 되며, 삶의 고양이어야 한다. 니체에게 있어 유일무이한 예술 작품은 바로 그의 인생 자체여야 했다. 그러므로 그의 인생의 구원은 바로 그 자신에 의해 이루어져야 한다. 이렇게 자라투스트라의 방랑은 시작된다. 이 생각이 바로 니체 사상의 핵심이다. 그는 사유를 통해 자신을 구원하려고 했다. 삶을 한마디의 말로 사로잡으려는 그는 강력한 언어의 마술사였으며 진한 아포리즘의 비극적 대가였다.

혼돈과 미로에 갇혀보지 못한 사람은 사상이 고통 속에서 태어난다는 것을 알지 못한다. 그는 말한다.

"무한한 우주 공간을 바라보듯 자신의 내면을 들여다볼 때, 자신 안에 은하수를 간직한 사람은 모든 은하수들이 얼마나 불규칙한지 알게 된다. 이들은 실존의 카오스와 미로를 헤치고 들어간다."

니체는 이 실존의 혼돈과 미로 속에서 '아리아드네의 실'을 찾아 나선다. 미궁을 지나지 않으면 삶의 광명을 느낄 수 없다. 삶이 좋아 더 살고 싶은 곳, 니체에게는 그곳이 바로 질스마리아였다. 매일의 고통과 환각 속에서 죽음을 직감하고 두려움에 떨어야 했던 니체는 질스마리아에서 너무도 많이 운다. 그러나 그의 눈물은 환호의 눈물이었다. 이렇게 해 니체는 해발 6,000피트의 질스마리아에서 자라투스트라를 만나게 된다. 그 고통스러운 삶을 긍정하게 된 것이다.

삶의 긍정, 그것은 이렇다. 삶 속에는 의미와 가치를 부여할 최종 목표가 없다. 그것을 부여할 신이 죽었기 때문이다. 모든 것을 아무런 목표도 의미도 없이 반복한다. 그러나 우리는 목표 때문에 사는 것이 아니라 삶 그 자체를 위해 산다.

"우리가 어떤 한 순간에 '예' 라고 말한다면, 그것으로써 우리 자신에게뿐 아니라 모든 실존에 대해 '예' 라고 긍정한 것이다."

바로 '지금 여기' 에 영원한 가치와 품위를 부여하는 것이다. 그리해 우리는 이 삶을 다시 한 번, 그리고 무수히 반복해서 살고 싶어 하는 것이다.

니체는 외친다.

"우연은 존재하지 않는다. 일어나는 모든 것은 의미가 있다."

나는 언젠가 아름다운 질스마리아에 가게 될 것이다. 어쩌면 내년일지도 모른다. 그곳에 자리한 흰색 이층집의 니체 하우스에 들를 것이다. 지붕 위에 두 개의 굴뚝이 서 있고, 아홉 개의 창문이 나 있는 그곳에서 그가 묵었던 작고 고독한 은신처를 둘러볼 것이다. 안정, 고독, 작업— 그 밖에 아무것도 바라는 것이 없었던 그 사람, 니체의 불행과 고통을 생각할 것이다.

사람을 섬겨야지

사람을 섬겨야지
어떤 모임에 가면
모임만 있고 사람은 없어
자발적 즐거움은 없고
이익을 위한 결집만 남아
모임이 사람을 섬겨야지
사람이 모임을 섬기면 안 돼

어떤 조직에 가면
조직만 있고 사람은 없어
일만 있고 존재는 없어

조직이 사람을 섬겨야지
사람이 조직을 섬기면 안 돼
사회가 사람을 섬겨야지
사람이 사회를 섬기면 안 돼

모든 사회는 사람을 섬기기 위해 있어
사람이 사회를 섬기게 되면
무서운 괴물이 인육을 제물로 삼키는 것과 같아
거대하고 잔인하고 냉혹한 괴물
세계를 위협하는 거대한 이빨
뜨겁고 더러운 숨결

모든 악은 사람을 수단으로 쓰려는 마음에서 시작하고
비극은 목적이 되지 못한 사람들의 눈물
오늘 하루
한 사람을 위한 손길
내 편이 아닌 한 사람을 위한 손길
부디 내게 그 손을 내밀 용기
남아 있기를

자기 스스로를 버리면 누구도 자신을 돌봐주지 않는다. 자신을 먼저 돌봐 스스
로 빛나게 하라. 그러면 사람이 모인다. 모든 리더십의 출발은 자신을 먼저 닦는
것이다. 내가 나의 믿음직한 리더이며 내가 이끄는 최초의 추종자다.

겨울-
중심이 있는 사람

그분이 거기 계셨다

스승이 한 분 계시다. 선생님이 생각날 때마다 나는 학생이 된다. 그러나 나는 좋은 제자가 못 되어 드렸다. 많이 찾아뵙지도 못했다. 그렇지만 나처럼 그분을 좋아하는 제자는 아마 없을지도 모른다. 내 삶의 한 모퉁이를 돌 때마다 그분은 거기 서 계셨고, 내 인생의 갈림길마다 나는 그분에게 갈 길을 물어보곤 했다. 물론 직접 찾아가 물어본 것은 아니다. 갈림길과 모퉁이를 지나올 때마다 스스로에게 물어보았다.

'그분이라면 어떻게 했을까?'

삶의 중요한 순간마다 이 질문을 꼭 했고, 그래서 이나마 내 길을 즐기며 걷고 있는 것임을 안다. 지금도 이 질문은 계속된다.

그분을 처음 만난 때는 1972년 겨울이 끝나갈 무렵이거나 1973년이 시작하는 때였다. 나는 재수의 피곤함에서 벗어나 얼른 대학에 들어와 빛나는 젊음을 발산하고 싶은 풋내기였다. 우리는 대학의 면접장에서 처음 만났다. 선생님은 내게 이렇게 물으셨다.

"뭘 하고 싶나?"

"대학에서 교수를 하고 싶습니다."

"교수가 뭐라고 생각하나?" 나는 잠시 망설였다.

"선생이며 학자입니다. 그러나 선생이기 이전에 학자여야 한다고 생각합니다."

선생님은 이 대답에 대해 별로 만족해하시는 것 같지 않았다. 면접을 당하는 사람의 민감함으로도 내 대답이 호감을 끌었는지 어땠는지 잘 알 수 없었다. 그러나 나는 이 대답을 그럴듯하고 만족스럽게 여겼다. 나처럼 기억을 잘 못하는 사람이 30년도 더 된 대화의 한 끝을 기억하고 있는 것은 신기한 일이다. 이상하게 나는 선생님과 나눈 대화의 어떤 부분들은 아주 생생하게 기억하고 있다. 그만큼 내 인생의 결정적 순간마다 선생님은 내 곁에 현존하는 훌륭한 역할모델이었다. 나는 그분의 매력에 빠져들었다. 그분은 내 우상이었다. 선생님을 생각하면 대학 시절 몇 개의 장면들이 한꺼번에 우르르 몰려든다.

그때 1970년대 젊은이들은 주로 술을 퍼마시며 젊음을 보내곤 했다. 그때나 지금이나 대학은 자유의 공기로 가득했다. 입시에 치여 지냈던 새내기들에게 대학은 유토피아였다. 아무것도 하지 않으며 빈둥거릴 수 있는 자유가 숨통을 틔워주곤 했다. 라일락꽃 가득할 때 몰래 술을 사 가지고 들어가 학교에서 그 향기를 맡으며 마시기도 했다. 역사학과는 짝도 잘 맞았다. 여학생 열다섯에 남학생 열다섯이었다. 3일에 소연, 5일에 대연을 베풀며 술을 마셔댔다. 어느 날인가 그날도 술을 마시다 문득 선생님 이야기가 나왔고 우리는 선생님 댁으로 쳐들어가자고 의견을 모았다. 그때 선생님 댁은 성북초등학교 앞에 자리한 운치 있는 한옥이었다. 그리 크지는 않았지만 작은 뜰이 정겨운 집이었다. 술이 좀 오른 풋내기들을 앞에 앉혀놓고, 선생님은 술과 안주를 내주셨다. 시간이 조금 흐른 후, 선생님께서 물으셨다.

"자네들 담배 피우나?"

대부분 이미 골초가 되어 있었지만 아무 말도 하지 않았다. 선생님은 재떨이를 가져다주시며 담배를 피우라 하셨다. 아무도 피우지 못했다. 선생님 앞에서 담배질을 할 수는 없었기 때문이다. 지금도 그렇지만 술과 달리 담배는 대단히 건방지고 껄렁한 것이었기 때문에 어른 앞에서 담배를 피우는 것은 그 당시 용납되지 않는 무례였다. 그러자 선생님이 말씀하셨다. 담배를 피우는 사람이 담배를 피우지 못하면 그 생각이 많이 나고, 결국 방을 나갔다 들어왔다 하게 되니 담배를 피우며 이야기에 몰입하는 것이 더 낫지 않겠느냐고 하셨다. 얼마 후 우리는 술이 들어갈수록 더 많은 담배를 피웠다. 방 안은 담배 연기로 가득했다. 그리고 이후 선생님 앞에서 담배질한 이야기를 무용담처럼 떠벌리곤 했다. 선생님은 그렇게 젊은이들의 유치한, 그러나 일상 속의 무용담에 존재하셨다.

한번은 이런 적도 있다. 지금은 작고하셨지만 예일대에서 그리스 로마사를 전공하신 미국인 신부인 진모덕Murdock 선생님 조교를 꽤 오랫동안 한 적이 있었다. 서양고대사 책으로 가득 채워진 진모덕 신부님 방은 늘 내 방으로 착각되기도 해서 신부님이 안 계실 때면 친구들이 찾아와 놀다 가곤 했다. 그날은 여름방학 기간이었고 일찍부터 찌고 있었다. 아침부터 친구들이 찾아와 그 방에서 바둑을 두기 시작했다. 선생님들은 토요일 이렇게 이른 시간에는 연구실에 거의 나오지 않으셨기 때문에 우리는 창문과 방문 모두를 열어놓고 바둑 삼매경에 빠져 있었다. 그때 길현모 선생님이 러닝셔츠 바람으로 방에 들어온 것을 눈치챈 사람은 아무도 없었다.

"자네들 뭐 하나. 뭐가 이렇게 시끄러운가?" 하는 소리에 우리는 경악했다. 이런, 선생님이 나와 계셨단 말인가? 선생님 연구실은 방 두 개 건너에 있었다. 놀라 벌떡 일어나 도열하듯 서 있는 우리들을 돌아보고 선생님은 빙그레 웃으셨다.

"그래, 누가 제일 잘 두나? 나하고 한번 두세."

바둑판이 벌어졌다. 중간에 선생님은 우리에게 담배를 한 대 달라고 하셨다. 그러나 불을 붙여 피우시지는 않았다. 바둑이 점입가경으로 흐르는 동안 불붙이지 않은 맨 담배를 정말 피우시듯, "후" 뿜어내시기도 했다. 선생님은 그때 2급쯤 두셨던 것 같은데, 오랫동안 바둑을 두지 않으신 모양이었다. 우리 중에 바둑을 잘 두는 친구가 있어 선생님이 이기시지는 못했다. 그러나 선생님은 바둑 한 판으로 우리를 잠재웠고, 잔소리 한마디 없이 연구실을 연구하기 좋은 여름날 토요일 오전 침묵으로 가득한 깊은 공간으로 만드셨다. 우린 이런 선생님의 능력에 늘 놀라곤 했다.

선생님의 강의는 언제나 놀라움이었다. 대학에 들어와 서양사 개설과 역사학 입문을 들으며 수업의 진미를 알게 되었다. 선생님은 강의 도중 지그시 눈을 감고 좋은 단어를 찾아내기 위해 애쓰셨다. 이윽고 폭포처럼 가장 적합한 표현이 쏟아지고, 역사 속의 한 인물, 한 장면은 갑자기 두터운 먼지 속에서 벌떡 일어나 앉곤 했다. 그 사람들, 그 장면들이 시간의 먼지를 털고 일어나는 광경은 경이로움 자체였다. 콜링우드의 역사학 개론을 가르치며, 선생님께서 이런 말씀을 하신 적이 있다. 정확하게 기억할 수는 없지만 그 뜻은 대략 이랬다.

"이론이 그 자체로 모두 옳은 것 같아 진위를 구별하기 어려우면 직접 겪어 체험해보아야 한다."

이것은 플라톤의 가장 아름답고 감동적인 두 개의 대화편, '파이드로스'와 '크리톤'에서의 가르침을 연상시켰다. "논리의 시험을 거치지 않은 경험은 웅변이 되지 못하는 잡담이며, 경험의 시험을 거치지 않은 논리는 논리가 아니라 부조리"라는 깨달음과 섞여 천둥같이 내 가슴을 울렸다. 나는 그때 비코, 랑케, 크로체의 역사 이론에 매료되어 있었다. 그들의 역사 이론은 모두 빛나는 매력이었다. 서로 부딪치면서도 서로가 말하지 못한 영역을 보완해주는 듯했다. 새내기 젊은이의 풋지식은 선생님의 강의를 통해 조금씩 뿌리를 내려 깊어지고, 달달 외워야 했던 연대기 속의 역사적 사실과 가설 들은 처음으로 지적 즐거움의 대상이 되었다.

대학에 입학할 때 나는 선생님께 앞으로 역사학자가 될 것이며, 대학에서 역사학 교수를 하고 싶다고 말씀드렸다. 7년 후, 대학원에 입학할 때도 같은 대답을 드렸다. 두 번 다 선생님은 이 세상을 살아가는 다른 길도 있다는 여운을 남겨두시는 것 같았다. 그때는 좀 이상하다 생각했다. 혹시 좋은 학자가 되기에는 내 자질이 부족하다 여겨 그러신 건 아닐까 하는 생각이 들기도 했다. 아마 그런지도 모른다. 그러나 지금 생각하면 그 여운은 분명하게 말 그대로 바로 그러한 뜻이었음을 알게 된다.

"인생에는 여러 가지 길이 있다. 스스로 모색하여라. 헌신하고 모든 것을 걸어라. 그러나 그 길이 아니라 해도 실망하지 말거라. 앞에 다른 길이 나오면 슬퍼하지 말고 새 길로 가거라. 어느 길로 가든 훌륭함으로 가는 길은 있는 것이다."

아마 그런 말씀이셨을 것이다. 이탁오라는 중국 학자가 다음과 같은 말을 한 적이 있다.

"친구가 될 수 없으면 진정한 스승이 아니고, 스승이 될 수 없으면 진정한 친구가 아니다."

선생님은 분주한 분이 아니시다. 어울려 여기저기 다니는 것을 좋아하지 않으신다. 그러나 이상하게 늘 우리의 놀이 속에 흔쾌히 자리해주신다는 느낌을 받았다. 그렇지만 우리는 선생님을 두려워하며 그 무서움은 깊은 존경에서 나온다. 언젠가 늦게 장가가는 친구가 아내 될 사람과 함께 선생님께 인사드리러 갈 때 나도 따라 합석을 한 적이 있었다. 선생님을 뵙고 나오면서, 그 여인이 이런 말을 했다.

"두 분 다 왜 그렇게 쩔쩔매세요? 선생님이 어려우세요?"

그렇다. 우리는 그럼에도 불구하고 선생님을 좋아하고, 좋아함에도 불구하고 늘 편히 마주 앉지 못하는 존경심으로 가득했다. 마음으로 존경하는 분을 만날 수 있었던 젊은 시절이란 얼마나 행운이었던가! 살면서 마음으로 깊이 머리 숙일 수 있는 사람이 많지 않다는 것을 알게 된 다음에야 좋은 선생님을 가진 우리가 얼마나 운이 좋았는지 깨달았다.

당시 우리는 최고의 역사학자들에게서 수학했다. 서양사에 길현모 선생님이 계셨고, 한국사에는 이기백 선생님, 동양사에는 전해종 선생님이 계셨다. 그리고 차하순, 이광린 선생님이 다른 선생님들과 한 팀을 이루고 있었다. 다른 학교 학생들도 부러워해 멀리 찾아와 청강을 하는 경우도 있었다. 봄꽃이 흐드러지게 피어 한창인 5월 교정에서 그분들이 함께 식당으로 점심 드시러 가는 것을 보면서도 우리는 감탄했다. 당대를 풍미하는 학자들이 저렇게 서로 어울려 함께 공부하고 함께 식사하고 함께 삶을 사는구나 하는 부러움을 느꼈다. 우리가 마주쳐 인사하면 "그래, 밥들 먹었나?" 하며 웃으셨다. 우리는 모교에 대한 자부심보다 역사학과에 더 큰 자부심이 있었다. 그것은 가장 열심히 공부하는 선생님들이 우리를 가르치고 있다는 데서 오는 힘이었다. 그러나 1970년대의 대학생활은 늘 중간고사가 끝나면 학교가 폐쇄되었다. 독재에 대항하는 데모와 강제적 일시 폐쇄가 반복되었고, 학기의 후반부가 없는 대학생활은 내내 계속되었다.

나는 역사학을 전공한 학자가 되고 모교에서 역사를 가르치는 선생이 되고 싶었지만 그러지 못했다. 이상하게 들릴지 모르지만 그것은 선생님 탓이기도 했다. 나에게 역사에 대한 떨림을 갖게 해준 분도 선생님이셨지만, 내가 대학원을 떠나게 된 것도 선생님 때문이었다. 방황하듯 대학생활의 3년을 보낸 후 군대에 다녀와 복학했고, 1년 후 대학원에 진학했다. 1980년이었다. 그해 첫 학기에 대학원에서 선생님과 우리는 칼 만하임의 《이데올로기와 유토피아》를 읽고 토론했다. 그러나 그해 희망으로 가득 찼던 봄은 가혹하고 잔인하게 지고 말았다.

그해 봄 학생들은 서울역으로 시청으로 매일 운집했다. 젊은이들은 자유와 평등의 이념으로 빛나는 조국을 갖고 싶어했고, 지식인들은 '지식인 성명'을 내기 시작했다. 한국은 긴 독재의 상처와 그늘에서 금방이라도 벗어날 듯 보였다. 그러나 학교는 다시 폐쇄되었고, 전두환 군부는 광주에서의 민주화운동을 내란으로 규정했고 잔인하게 진압했다. 나라를 지키기 위해 써야 할 병력이 제 국민을 죽이기 위해 투입되었다. 지식인 성명의 대표자였던 선생님은 학교를 떠나게 되었고, 우리는 선생을 잃었다. 나의 길은 불투명해졌고 다른 분 밑에서 계속 공부하고 싶지 않았다. 내가 바라는 것은 선생님께 배우는 것이었다. 대학원을 나와 그해 12월 나는 직장인이 되었다. 그리고 역사학자가 되는 길로부터 멀어지고 말았다. 그 길은 결국 내 길이 되지 못했다.

직장생활을 하는 동안 선생님 소식을 가끔 전해 들었다. 춘천 한림대학교로 옮겨 그곳에 계실 때, 친구와 함께 찾아뵈었다. 선생님은 우리를 반겨주셨다. 먼 곳을 찾아왔다 하셨다. 일주일에 며칠은 춘천에 계셨고, 나머지는 서울에 계셨다. 그리고 나는 회사 일에 치여 사는 회사원으로 하루하루를 살아갔다. 아이를 낳고 아이들 키우고 작은 집을 장만하고 집을 넓혀가는 다른 사람과 똑같은 일상을 살고 있었다. 오랫동안 선생님을 뵙지 못했다. 그러다가 선생님이 도봉산 밑 아파트에 사모님과 함께 사실 때 두어 번 찾아뵈었다.

언젠가 추석 즈음에 선생님을 뵈러 갔다. 함께 이야기를 나누고 나오는데, 마침 선생님께서 시내에 사시는 동생(아우인 길현익 선생님은 결혼을 하지 않고 혼자 사셨는데 내가 다니던 대학에서 동양사를 가르치셨다)에게 갈 예정이었다고 하셨다. 우리는 선생님을 모셔다 드리고 작별했다. 사모님께서 챙겨주신 음식 보따리를 들고 선생님은 추석 즈음의 그 빛나는 가을 속에 서서 우리에게 손을 흔들어주셨다. 혼자 사는 분들에게는 명절이 더 외로운 날이기도 했다. 선생님은 명절이 되면 늘 그렇게 사모님이 챙겨준 음식을 들고 혼자 사는 동생 집을 찾아가곤 하셨다.

이 글을 쓰면서 내 노트북 한구석에서 선생님께 드리려 써두었다가 보내지 못한 편지 한 통을 발견했다. 10년도 더 된 편지다. 오래전에 써두었지만 주인을 찾아 배달되지 않은 편지를 읽으면 왠지 추연해진다. 삶의 지나간 한 순간 속으로 빨려 들어가는 시간여행처럼 이미 사라진 나와 다시 만나게 되기 때문이다.

　선생님께

　뵌 지 2년이 지났습니다. 늘 뵙고 싶었지만 그러지 못했습니다. 오늘 아침 깨어나보니 문득 선생님이 몹시 그리웠습니다. 짧은 편지를 드립니다.

　어려울 때도 있었고 지루할 때도 있었고 그저 그러려니 건들거리며 산 때도 있었습니다. 돌이켜 생각하면 다행스러운 일도 많았고 쓸데없는 걱정에 싸인 때도 있었습니다. 앞으로도 그럴 겁니다. 굽이굽이 흐르는 강처럼 때로는 넓은 강폭을 이루어 햇빛에 빛나기도 하고 때로는 좁고 급하게 소리를 지르며 거칠게 흐르기도 합니다.

　선생님께서는 제게 달 같은 분이셨습니다. 세상을 살며 아주 어두운 때에도 그렇게 깜깜하지만은 않아서 가끔 하늘을 볼 때가 있었습니다. 어느 별빛이 그렇게 쏟아져 내리나 하고 말입니다. 어두운 밤 나뭇가지에 달이 걸려 있는데, 때로는 비수처럼 날카로웠고 때로는 둥글어 참으로 넉넉하고 풍요롭게 보였습니다.

1973년 대학에 입학해 선생님을 뵐 때, 마침 햇빛이 환한 언덕을 다른 선생님들 몇 분과 어울려 점심식사를 하러 가시는 것을 뵐 때, 저는 선생님처럼 살고 싶었습니다. 공부하고 가르치고 그리고 학생들의 빛이 되는 삶을 그리워했습니다. 세상은 그 욕망으로 가득했었습니다.

1980년 5월, 선생님께서는 학교를 떠나게 되셨고, 저 또한 대학원 1학기를 채 마치지 못하고 그만두었습니다. 선생님께서 서강에 계시지 않으니 저 또한 서강에서 더 공부할 수 없었습니다. 한 2년 일해서 1년 학비가 생기면 유학을 떠나려고 취직을 했었지요. 그러다 결국 눌러앉게 되었고 저는 지금의 제가 되었습니다.

길이 달라져서, 사느라고, 혹은 부끄러움 때문에, 가지가지 이유 때문에 자주 찾아뵙지 못했지만 선생님께서는 늘 제 마음 속 달빛으로, 어두운 길의 달빛으로 그렇게 계셨습니다. '선생님이라면 어떻게 하셨을까?' 이 질문은 어둡고 어려울 때 저와 함께 살아온 오랜 물음이었습니다.

이제는 제가 서강에서 선생님을 처음 뵈었을 때 선생님의 나이가 되었습니다. 그러나 여전히 치기 어리고, 쓸데없는 것들을 좇고, 속이 허한 사람에서 벗어나지 못하고 있습니다. 어리

석은 제자입니다. 헤매며 제 길이라 여긴 길을 가다 보면 조금
은 나아지려니 하고 위로합니다.

　아침에 이렇게 짧은 편지라도 쓰고 나니 그리움이 조금 덜어
진 듯도 하고 더 깊어지는 것도 같습니다.

　세상을 살며 자신에게 큰 영향을 미친 사람들을 정리해 그
것을 모아두면 한 사람의 자서전 역할을 할 수도 있다. 직접
적으로 발가벗은 자신에 대해 말해야 하는 '나의 이야기'로
서의 자서전이 아니라 내게 영향력을 미친 사람들의 이야기
야말로 아주 결정적인 내 삶의 증거들일 수 있다. 실제로 피
터 드러커는 자서전을 쓰면서 자신에 대한 '나의 이야기'가
아니라 자신에게 심대한 생각 거리를 제공하고 영향을 남긴
사람들의 이야기를 쓰면서 그것을 관찰자의 운명을 타고난
자신의 이야기라 불렀다. 선생님은 내 삶을 이룬 상징적 테마
였고 질문이었고 가능한 대답이었다.

　"보통의 선생은 그저 말을 하고, 좋은 선생은 설명을 해주
고, 훌륭한 선생은 모범을 보이고, 위대한 스승은 영감을 준
다"라는 말이 있다. 나는 선생님에게서 학자의 모범을 보았
고, 어두운 길 위에 뿌려진 달빛 같은 영감을 받았다. 내가 선

생님을 만난 것은 행운이었다. 이제 나이가 들었으니 나도 선생님처럼 누군가의 좋은 스승이 되고 싶다. 한없이 모자라는 사람이지만 선생님은 내게 이 열망을 품게 해주셨다. 나이가 들어 연구원들을 모으고 그들과 함께 책을 읽고 책을 쓰는 일을 하고 있는 것도 그런 이유에서다. 나는 분명히 선생의 구체적인 모습을 보고 만질 수 있는 행운을 가졌던 것이다.

나보다 좋은 교과서는 없다

철학자 라캉은 이렇게 말한다.

"생각하는 곳에서 나는 존재하지 않고, 존재하는 곳에서 나는 생각할 수 없다."

이 복잡한 말은 무슨 뜻일까? 생각 속의 나와 실재의 나 사이에 괴리가 있다는 뜻이다. 그럼에도 실재하는 나와 생각 속의 나는 인생을 함께 살아간다. 그러니 일어나지도 않은 일로 걱정하고 분노하고 혹은 기뻐한다. 반대로 일어난 일을 재해석하는 과정에서 왜곡하고 과장하고 제가 믿고 싶은 것만 믿어버리기도 한다. 실재와 가상, 이것이 섞인 이야기가 바로 인생인 것이다. 그러므로 모든 인생은 사건(역사)과 느낌(문학) 그리고 생각(철학)으로 만들어진 이야기다. 이 이야기를 흥미진진하게 만들어가는 것이 산다는 것이다. 그러므로 지난 이야기가 시시하다면 그건 잘 못 살았다는 것이다. 앞으로의 이야기가 박진감 있게 진행될 것으로 예상된다면 그게 바로 미래가 밝다는 뜻이다. 삶은 크고 작은 사건과 그것에 대한 생각과 느낌으로 구성된다. 그러니까 사건과 사건에 대한 주관적 해석으로 만들어지는 것이 인생이다.

나를 탐구한다는 것은 매일 만나는 사건과 느낌과 생각 들을 탐구하는 것이다. 사소한 일 하나, 그것이 바로 이야기의 중요한 소재다. 신기하게도 시간이 지나면 잊히는 큰일도 있지만, 너무도 사소한 일이 수십 년간 또렷한 기억으로 살아 있는 경우도 있다. 예를 들어 나는 아직도 고등학교 수업시간에 역사 선생이 '실마리'라는 말에 대해 설명하던 표정을 잊지 못한다. 그분의 이름도 기억이 나지 않는데 그 표정은 잊히지 않는다. 인생은 그런 것이다. 그러니 매일 만나는 작고 우스운 사건 속에서 삶을 건져 올리지 않는다면 제대로 산 것이 아니다. 오늘부터 나에 대한 관찰 기록을 남기려고 한다. 그래서 다음과 같은 방법을 고안해보았다.

먼저 다섯 줄 미만으로 오늘 있었던 가장 특별한 일 하나를 기술한다. 그 특별함은 대단한 것이 아니어도 좋다. 사소한 일상 속의 사건, 그것을 찾아내 적어둔다. 말 그대로 기술이다. 주관성을 배제하고 사실 그대로를 기록한다. 예를 들어 이렇게 해보는 것이다.

"오늘 남산 소월길에 있는 한식집에서 12시 점심약속이 있었다. 집에서 30분쯤 걸리는 곳이다. 나는 10분 전쯤 도착하는 것이 좋겠다고 여겨 11시 20분에 집에서 나오려고 했다. 그러나 31분쯤에 나오고 말았다. 가는 동안 차가 막히는 구간을 지날 때마다 조금 일찍 나왔어야 했다고 조급해했다. 나는 이 조급함이 싫다. 그러나 이런 일은 자주 반복된다."

그다음에 그 사건을 지배했던 내 생각이나 느낌의 원인을 찾아낸다. 역시 길게 쓸 것 없다. 열 줄 미만으로 가장 그럴듯한 이유를 두세 개 찾아내는 것이 목적이다. 위에 예를 든 사건에 대해 가장 그럴듯한 원인을 나는 다음과 같이 찾아내 보았다.

"미리 작정한 11시 20분에 집을 나서는 것을 막는 장애는 없었다. 그때 갑자기 급한 일이 생긴 것은 아니다. 그냥 20분에 나오면 되었다. 그러나 나는 꾸물거리고 있었다. 왜 그랬을까?

• 도로 상황에서 오는 조급함을 없애기 위해 10분 정도 여

유가 필요한 것인데 나는 떠나기 전에 집에서 이 여유분을 이미 느긋하게 써먹고 있다.

• 약속 장소에 미리 도착해 기다리는 동안의 무료함을 싫어하기 때문에 내심 가능하면 정확하게 도착하려 한다.

• 상황에 따라 조금 늦을 수도 있다. 상대에게 미안하긴 하지만 그 정도야 살아가면서 생길 수 있는 일이다.

나는 10분 정도 늦는 것에 대해서는 관대하다. 나도 늦을 수 있고 상대방도 그럴 수 있다는 생각이 나를 느슨하게 만든다."

그다음은 이 사건이 계속 반복되는 것을 놓아둘 것인지 아니면 개선할 것인지를 결정한다. 그리고 어떤 선택을 하게 되든 그 선택을 존중하고 거기에 맞게 처신한다. 다시 위의 사건에 대한 마음의 정리를 해보자.

"나는 시간에 꼭 맞춰 나가 교통 상황이 좋으면 제 시간에 도착하고, 상황이 나쁘면 조금 늦는 습관을 바꿔주기로 했다. 왜냐하면 가는 동안 교통의 흐름에 따라 조급해지고, 신호등 하나마다 일희일비하는 모습이 싫기 때문이다. 따라서 조금 일찍 출발해 기다리기로 했다. 그래서 '창조적 기다림'의 방식을 고안했다.

• 내가 좀 일찍 도착하고 상대가 조금 늦는다면 어쩌면 30분 정도 기다림이 있을 수 있다. 이 정도는 불쾌감 없이 기다리도록 하자. 종종 일찍 도착한 사람은 상대의 지각에 민감해질 수 있는데, 그것은 혼자만의 기다림이 지루하기 때문이다.

• 30분 정도를 훌륭히 보낼 수 있는 방법을 세 가지쯤 가지고 있자.

—기다림의 설렘을 즐겨보자. 내가 이 사람을 처음 만났을 때가 언제였는지, 이 사람의 좋은 점, 이 사람의 장점, 둘 사이에 있었던 좋은 추억, 그 사람과 나 사이에 연결되는 또 다른 사람들에 대한 기억 등을 자연스럽게 즐겨보자. 그리고 늘 가지고 다니는 수첩에 간단히 메모해두자. 그러면 허겁지겁 나타난 그 사람에게 다정하게 대할 수 있을 것이다.

—만나는 곳이 좋은 곳이면 그곳을 즐겨보자. 창문 넘어 꽃 혹은 무성한 잎, 오후의 느긋함, 흐르는 음악, 옆에 앉아 있는 사람들의 모습, 또는 가져간 책에서 책갈피가 꽂혀 있는 대목을 펼쳐 분위기가 다른 장소에서의 책 맛에 풍덩 빠져보자.

—만일 비즈니스 미팅이라면 세 가지 질문을 통해 사전에 확실하게 정리해두자. 나는 이 일의 핵심을 확실하게 이해하고 있는가? 나와 상대는 어떤 면에서 서로 도울 수 있는가?

나는 이 일에 집착하고 있는가? 만일 집착하고 있다면 그것은 좋은 일이 아니기 때문에 나를 달래 마음의 평정을 얻도록 하는 것이 좋다."

나는 나를 탐구한다. 나는 매일의 사건들을 애지중지한다. 그래서 이렇게도 보고 저렇게도 보면서 나와 나의 삶을 탐구한다. 나를 내 연구의 대상으로 삼는 것은 재미있다. 제3의 관찰자가 되어 나의 삶을 들여다보는 순간, 슬픔과 고독조차도 풍요로운 은총으로 선물처럼 내 생활 속에 쏟아져 들어오고, 불쾌한 일과 황당한 사건조차 웃음의 소스가 된다.

유머란 나와 나에게 닥친 사건을 분리시켜 인지함으로써 웃어줄 수 있는 힘을 얻는 것이다. 자신을 웃음거리로 만들 줄 아는 사람이야말로 유머를 즐기는 사람이다. 삶에 대해 웃어주자. 웃음으로 나를 탐구하자.

좋은 사람을 얻을 수 있는
세 가지 이야기

리더십의 가장 실용적인 정의는 '다른 사람들이 나의 성공을 진심으로 돕게 만드는 것'이다. 더 거창하고 가치중립적인 다른 여러 정의들이 있지만 나는 소극적이면서도 솔직한 이 정의가 마음에 든다. 내가 가지고 있지 않은 강점들로 무장한 사람들이 열정적으로 나를 도와준다면 나는 내가 진심으로 바라는 것을 얻을 수 있다. 나를 도와줄 사람들을 엮어 '휴먼 네트워크'로 관리하고 활용하는 것은 리더십의 가장 기초적인 작업이다. 내가 세상에 시그널을 보내고 내 시그널에 감응해 비로소 교류가 이루어진 사람들, 바로 이 사람들이 내 성공의 가장 중요한 힘이다. 사람들과의 관계가 잘 이루어지려면 이해관계를 서로 나눈다는 것만으로는 태부족하다. 사람은 상업적 거래 이상의 존재들이기 때문이다. 적어도 다음 세 가지 이야기가 품고 있는 필수조건을 만족시켜야 그 관계가 원만하다.

첫 번째 이야기. 아주 못생긴 남자가 있었다. 그 남자가 사막을 가로지를 때의 일이다. 모래 속에서 뭔가 반짝이는 것이 눈에 띄었다. 거울조각이었다. 남자는 몸을 숙여 그것을 집어 들여다보았다. 그는 한 번도 거울을 본 적이 없었다. 너무도 추한 남자의 모습을 보자 휙 집어 던지며 말했다.

"세상에! 사람들이 아무 데나 버릴 만하구나."

다른 사람들이 내 주위에 모여 내 성공을 진심으로 도와주게 하려면 먼저 본인이 매혹적이어야 한다. 매력은 뚱뚱한 사람도 사람을 끌게 하고, 못생긴 사람도 눈길을 잡아둘 수 있게 한다. 매력이란 우리들 내면에 살고 있는 가장 아름답고 위대한 것을 끌어낸 사람들이 얻게 된 무엇이다. 어떤 사람은 카리스마로 우리를 휘어잡고, 어떤 사람은 따스한 마음씨로 우리를 붙들어둔다. 또 어떤 사람은 통찰력으로, 어떤 이들은 노래로, 어떤 이들은 통쾌한 한바탕 유머로 우리를 잡아둔다. 자신만의 매력으로 스스로를 드러나게 해야 다른 사람을 잡아둘 수 있다. 자기 스스로를 버리면 누구도 자신을 돌봐주지 않는다. 자신을 먼저 돌봐 스스로 빛나게 하라. 그러면 사람이 모인다. 모든 리더십의 출발은 자신을 먼저 닦는 것이다. 나는 나의 믿음직한 리더이며 내가 이끄는 최초의 추종자다. 이것이 셀프리더십self-leadership이다.

두 번째 이야기. 달팽이 한 마리가 천천히 앵두나무를 기어 오르기 시작했다. 때는 3월 중순, 겨울이 지나가고 봄이 찾아오는 즈음이었다. 도중에 어떤 곤충 한 마리를 만나게 되었다. 곤충이 말했다.

"앵두는 아직 열리지 않았어. 네가 위로 가봤자 앵두는 아직 없단 말이야."

달팽이는 천천히 그러나 쉬지 않고 올라가면서 그 곤충에게 말했다.

"내가 저 위에 도착할 때쯤이면 있을 거야."

휴먼 네트워크는 평소에 잘 가꿔두어야 필요할 때 작동시킬 수 있다. 좋은 조언과 도움은 평소에 잘 가꿔두어야 때가 되어 추수할 수 있는 진귀한 선물이다. 어느 날 갑자기 잘 알지 못하는 사람이 찾아와 도움을 부탁하면 마음을 다해 도와주기 어렵다. 그리고 그 도움은 기껏해야 동정일 가능성이 크다. 마찬가지다. 좋은 사람들을 만나고 그들에게 미리 시간과 애정을 쏟아두어야 그 관계가 깊어지고 튼튼해지며 언제나 작동 가능하다.

세 번째 이야기. 한 남자가 현명한 이야기꾼의 이야기를 듣고 나서 고개를 갸우뚱거리며 불평했다. 이렇게도 저렇게도 해석되는 것이 영 마땅치 않았기 때문이다. 그러자 이야기꾼은 이렇게 말했다.

"그것이야말로 가치 있는 것이오. 물만 마실 수 있는 잔이나 고기만 담을 수 있는 접시가 무슨 소용이 있겠습니까? 컵이나 접시는 그 안에 제 몸에 어울리는 다양한 음식을 예쁘게 담을 수 있어야 제 역할을 하는 것입니다."

그리고 잠시 멈추었다가 말을 이었다.

"중요한 것은 '이 이야기의 의미는 무엇일까? 몇 가지 방식으로 이해할 수 있을까?'가 아닙니다. '그 말을 듣고 있는 그 사람이 그 이야기 속에서 유익함을 얻을 수 있을까?' 하는 것입니다."

좋은 사람들과 좋은 관계를 맺어두는 것은 그 관계로부터 유익함을 얻기 위함이다. 상업적 이익만 얻기 위한 관계는 오래갈 수 없다. 이익이 사라지면 끈도 끊어지기 때문이다. 그것은 관계가 아니라 거래이며 거래는 남는 것이 무엇인지 먼저 따지게 되어 있다. 관계가 중요한 것은 필요할 때 다른 이들로부터 그들의 조언과 도움을 얻기 위해서다. 마치 여러 가지로 해석되는 하나의 이야기 속에서 적합한 지혜를 얻어내듯이, 하나의 문제에 대해 그들이 제공하는 다양한 종류의 조언 중에서 정말 내게 필요한 적절한 유익함을 가려 챙기는 것은 내 책임이다. 이 책임을 다른 사람에게 전가하면 그 관계는 부담스러워지고 이윽고 끊어지고 만다.

거래를 통해 내 집단을 만들어가는 배타적 관계 역시 그 편협성 때문에 위험하고 스스로를 가두는 포박으로 전락하고 만다. 등산을 해본 사람은 비 오는 날 우비를 입고 등산하기가 얼마나 어려운지 알 것이다. 비로부터 옷이 젖는 것을 막아주지만 산을 오르며 안에서 솟아나는 땀을 배출할 수 없어 참을 수 없이 덥고 답답하기 때문이다. 좋은 관계는 고어텍스 같은 것이다. 물방울은 막아주고 땀은 배출되어 안과 밖이 서로 유익함을 교환할 수 있어야 한다. 관계는 폐쇄성을 의미하는 것이 아니라 나와 세상 사이의 다리여야 한다. 닫힌 관계가 아니라 열린 관계여야 한다.

나는 사람이야말로 가장 중요한 투자처라는 것을 믿는다. 그러나 모든 사람이 다 좋은 투자처는 아니다. 투자는 모든 종목에 돈을 거는 것이 아니다. 내가 가지고 있는 희소한 자원을 좋은 투자처에 집중할 때 높은 수익률이 되돌아오듯이 좋은 사람들에게 애정과 시간을 집중해야 한다. 좋은 사람이란 누구인가 하는 기준이 바로 당신이 누구인지를 결정하는 가치관이다. 나는 좋은 사람에 대한 아주 멋진 기준 하나를 알고 있다.

'내가 서고 싶으면 먼저 그 사람을 세워주어라.'

이런 가치를 믿는 사람이 좋은 사람이다. '다른 사람의 불행과 희생 위에 나의 성공을 쌓는 사람'은 경계해야 한다. 이런 사람과 얽히면 최악이다. 어떤 사람들과 인생을 함께했느냐가 바로 그 사람의 인생이 어떠했는지를 말해주는 가장 결정적인 증거다.

그럼에도 불구하고 스승을 만나라

나에게는 스승이 있어

늘 물어보았어

갈림길이 나타날 때마다

스승이라면 어떻게 했을까

그러면 보여주었어

손가락으로 달을 가리키지 않아

늘 그는 자리에서 일어나

그윽한 달빛 아래 앉으셨지

스승은 명령하지 않아

사람마다 다르니

이건 되고 저건 안 돼라고 말하지 않아

제자가 하는 꼴을 가만히 보고 있다가

이따금 말을 하지

여기에 암초가 있고 저 너머엔 해협이 있다

여긴 바닥이 깊으니 냅다 달려라

이 넓고 넓은 곳은 외로움이니

물결과 이야기하고

홀로 고기를 잡아먹고

햇빛에 심장을 그을려야

망망대해를 지날 수 있다

두려워 마라

스승은 연꽃처럼 웃고

암시와 상징으로 가득하다

뻔한 삶은 삶이 아니고

싱싱한 모험만이 살아 있게 하니

결국

나의 삶이었고

못 견디게 아름다웠다 할 것이니

네 길을 가라

네 길을 가라

널리 이롭게 하는 자가 이기리니

오늘 아침, 문득 나는 더 이상 경쟁력이란 말을 쓰지 않아야 겠다고 결심했다. 그것은 마치 한겨울에 두껍게 꽝꽝 얼은 호수 바닥이 쩽하고 갈라지는 소리처럼 명료한 메시지로 다가 왔다. 그동안 내 무의식의 기본 바탕은 경쟁과 승리라는 패러다임에 속해 있었던 모양이다. 내 의식은 아니라고 말하지만 내 무의식은 그것이었나 보다. 심연의 한복판에는 '이곳은 전 쟁터이고 날마다 나는 싸워야 하고 그 싸움에서 이겨야 한다' 는 생각이 나를 강제하고 있었던 모양이다. 비록 나는 호전적 인 사람은 아니지만 지고는 못 사는 사람이기도 했다. 승리는 기분 좋은 것이고, 쟁취할 만한 것이다. 승리야말로 마음의 느긋한 평화를 즐기게 해주는 가장 중요한 조건이었다.

나는 오랫동안 직장인이었다. 경쟁력이라는 말을 수없이 들었고, 그것이 내 미래를 좌우할 것이라고 믿었다. 전문성을 살리기 위해 배우고, 실험하고, 책을 읽고, 책을 썼다. 오랜 시간이 지난 다음 나는 나를 변화경영 전문가라고 부를 수 있게 되었다. 나는 이 분야에서 꽤 잘 알려졌다. 말하자면 개인 브랜드의 힘을 갖게 되었다. 스스로 경쟁력이 있다고 느끼게 되었던 것이다.

그러나 나는 뭘 모르고 있었다. '모든 비즈니스는 고객을 돕는 사업'이라는 것이 올바른 명제라면, 나의 경쟁력은 고객을 돕는 힘에서 나와야 했다. 그 힘은 근본적으로 내 경쟁자들을 이길 수 있는 힘이 아니라 고객을 잘 돕는 힘이어야 한다는 것을 놓치고 있었다. 내 목표는 내 경쟁자와 싸워 이기는 것이 아니라 내 서비스의 수혜자가 나에게 환호하도록 만드는 것이었다.

모든 언어는 그 속에 사용하는 사람의 의식이 담겨 있다. 경쟁력이라는 말은 레드오션에서 피 흘리며 싸워야 하는 사람들이 즐겨 쓰는 각박한 언어라는 것을 깨달았다. 나는 푸른 바다로 나가야 한다는 것을 알고 있었다. 다른 사람이 제공할 수 없는 것, 나만의 차별성, 늘 바라고 있었지만 그동안 충족

되지 않았던 새로운 수요를 창조할 수 있는 힘, 그것은 경쟁력이 아니라 고객에 대한 공헌력이라는 것을 문득 알게 된 것이다.

나는 오늘 송두리째 내 생각을 바꾸어버렸다. 통쾌하다. 나는 생각했다. 영향력은 무엇을 얻을 수 있는지에서 오는 것이 아니라 무엇을 줄 수 있는지에 의해 결정된다. 재능이 많으면 재능을 기부할 수 있다. 그때 선한 영향력을 갖게 된다. 이것이 공헌력이다. 돈이 많으면 돈을 나누어줄 수 있고, 젊음이 있으면 젊음을 나누어줄 수 있다. 아이디어가 있으면 아이디어를 나누어줄 수 있고, 정보가 있으면 정보를 줄 수 있다. 가지고 있는 것, 그 자체로는 힘이 되지 않는다. 그것을 먼저 자신을 위해 쓰고, 사랑하는 사람을 위해 쓰고, 점점 넓혀 좋은 관계에 있는 사람을 위해 쓰고, 나아가 그것을 필요로 하는 사람들에게 나누어줄 때, 그것은 힘이 된다.

무엇이든 내가 가지고 있는 강점이 다른 사람과의 싸움을 전제로 한 전투무기가 아니라 참여해 도울 수 있는 나만의 차별적 공헌력을 의미할 때, 우리는 함께 일할 수 있고 즐길 수 있고 혼자서 할 수 없는 새로운 것을 더불어 창조해낼 수 있다. 경쟁력은 친구를 만들기 어렵지만, 공헌력은 누구와도 친구가 될 수 있다.

공헌력을 키울 수 있는 방법들에 대해 생각해보았다. 역시 가장 중요한 것은 세상을 보는 인식의 전환이다. 빼앗을 수 있는 힘이 아니라 나눌 수 있는 힘에 대한 동경이 가장 먼저 선행되어야 한다. 누구나 알고 있다. 나를 정복하려는 힘에 대해서는 대항해야 하지만 나를 도우려는 힘에 대해서는 우호적이다. 만일 동료들과 어울려 하나의 팀을 이룬다면 반드시 내가 공헌할 수 있는 것이 무엇인지 먼저 생각해야 한다. 마치 파티에 내가 가장 잘하는 요리 하나를 가져가듯, 잔치를 흥겹게 만들어줄 멋진 선물 하나를 들고 나타나라는 것이다.

공헌력을 강화할 수 있는 첫 번째 요소가 '나누려는 마음과 태도'라면 두 번째 요소는 바로 그 '선물'의 품질이다. 가져온 선물이 특별하고 멋진 것이면 내 공헌력도 커진다. 공헌할 수 있는 방법은 아주 많다. 그러나 그중에서 최고의 공헌은 역시 자신이 가장 잘하는 재능으로 기여하는 것이다. 축제가 흥겨우려면 노래를 잘하는 사람은 노래로, 춤을 잘 추는 사람은 춤으로, 사람을 잘 웃기는 사람은 유머로, 고기를 잘 굽는 사람은 맛있게 구운 고기로 기여할 수 있다. 따라서 자신이 가장 잘할 수 있는 '죽여주는 기술', 즉 필살기 하나를 갖춰야 한다. 오해가 있을까 봐 '죽여주는' 이라는 말을 좀 설명해야겠다. 동서고금을 막론하고 '죽여준다'는 것은 진한 감동을 드러내는 가장 서민적인 표현인 것 같다. 그건 아마 삶이 죽음으로 완성되기 때문인가 보다. 나는 이 저속한 표현을 좋아한다. 가린 것이 아무것도 없는 적나라한 솔직함 때문에 그렇다.

공헌력을 강화하는 세 번째 방법은 공헌의 과정에서 관계의 깊이를 추구하는 것이다. 한번 생각해보자. 누가 얼마나 훌륭한 삶을 살았는가를 평가할 때, 아마 우리는 그 사람이 남긴 업적을 헤아릴 것이다. 피라미드를 보고 파라오의 권력을 생각하게 되듯이 말이다. 이집트처럼 강력한 힘을 떨쳤던 조상 덕에 후손이 좀 더 많은 관광 수입을 얻는 것을 보면 그 업적이라는 것이 중요한 평가 기준일 수밖에 없어 보인다. 그러나 역시 삶은 '살아 있다는 떨림'의 맛 없이는 살았다 할 게 없다. '살아 있음', 이것을 많이 느낄수록 나는 그 삶이 위대하다고 생각한다. 그렇게 산 사람일수록 남은 사람들이 기억할 업적도 많을 것이다. 살아 있음의 떨림은 일에서 오는 기쁨도 크지만 누구와 어떻게 살았는가로부터 온다. 멋진 사랑이 누구나의 로망이고, 우정이 인류의 자부심이었듯이 사람은 관계를 통해 깊은 삶의 맛을 체험하게 된다. 공헌력은 이 관계의 깊이를 겨냥한다.

어디서 무엇을 하든 공헌할 수 있는 특화된 힘을 만들어두고, 늘 훈련하자. 재능과 기질이라는 개별화된 특성 위에 '죽여주는 기술' 하나를 익혀두자. 그리고 그 기술을 우리의 좋은 관계를 위해 활용하자. 동료가 나의 출현을 불쾌해하고, 두려워하고, 불편해하게 하지 말자. 나의 출현이 사람들의 기쁨이 되게 하자. 내가 그곳에 존재한다는 것이 가장 멋진 선물이 되게 하자.

인생반전

인종지말자人種之末子. 상종할 수 없는 막가는 인간이란 뜻이다. 친구와 합작으로 장사를 하면서 이문을 더 많이 챙기면 나쁜 자다. 도와준답시고 일을 더 어렵고 꼬이게 했다면 무능한 자다. 있던 곳에서 세 번을 쫓겨났다면 모자란 자다. 싸움터에 나갔다가 저 혼자 살자고 세 번을 몰래 도망쳐 돌아왔다면 비겁한 자다. 모시고 있던 군주가 패망했을 때 운명을 함께하지 않고 저 혼자 살아남는다면 의리 없는 자다. 누가 보더라도 인종지말자다. 그 인종지말자였던 인물이 바로 중국 역사상 가장 위대한 실용주의 정치가로 평가받는 관중管仲이다. 그러나 바로 그 고난들이 그를 단련해 위대한 인물이 되게 했다.

관중에게 한 친구가 있었다. 어려운 시절 함께 장사 했던 포숙아라는 사람이다. 그는 관중이 이익을 더 가져가도 탐욕스럽다고 하지 않았다. 그가 가난하다는 걸 알고 있었기 때문이다. 일이 더 어렵게 꼬일 때도 무능하다고 말하지 않았다. 일 하다 보면 잘될 때도 있고 꼬일 때도 있다는 걸 이해했기 때문이다. 함께하던 곳에서 쫓겨나도 모자라다 말하지 않았다. 그곳에서 받아들일 만큼 좋은 관계를 이룰 때가 아직 오지 않았음을 알고 있었기 때문이다. 싸움터에서 도망쳐 와도 비겁한 자라고 탓하지 않았다. 그에겐 살아서 모셔야 할 노모가 있음을 알고 있었기 때문이다. 모시던 사람과 운명을 같이하지 않아도 의리 없는 인간이라 말하지 않았다. 작은 치욕을 참고 더 큰 일을 해낼 사람이라는 걸 이해했기 때문이다. 관중을 낳은 건 그의 부모였으나 그를 알아준 건 친구 포숙아였다. 사람은 자신을 알아주고 믿어주는 한 사람만 있어도 좌절하지 않는다. 그 한 사람이 없을 때 세상이 막막해진다. 관중과 포숙아의 우정이 바로 관포지교管鮑之交로 알려져 전해진다.

젊었을 때 이 두 사람의 이야기를 읽으며 포숙아가 관중보다 훨씬 대단한 인물이라고 생각했다. 그 우정이 포숙아의 관용과 포용에 의해 이루어졌다고 생각했기 때문이다. 관중은 포숙아의 그늘에 가려진 찌질한 소인배로 보였다. 공자도 관중의 능력을 높이 평가하면서도 그 인격을 소인배라 평한 바 있다. 세월이 지나 관중을 다시 알아가면서 그가 일반적인 평가의 수준을 벗어나 다른 차원에 속하는 위대한 인물임을 알아보게 되었다. 포숙아가 관중을 보았던 그 특별한 시선에 공감하게 되었다고 해야 할지도 모르겠다. 공자의 인의는 좋은 말이지만 그 현실성이 떨어지고, 중국을 통일한 법가사상은 현실적이기는 하지만 소름 끼치게 각박한 것을 감안하면, 인의와 법을 통합하고 여기에 백성의 먹거리인 경제를 더해 가장 전형적인 정치적 성과를 이룩한 관중이야말로 중국 최고의 정치적 모범으로 자세히 연구되어야 할 대상임을 알았다.

나는 오랫동안 직장인이었다. 되돌아보니 그동안 젊은 관중처럼 이래저래 옹색한 찌질이였던 때가 있었다. 능력을 인정받지도 못하고 동료에게 별로 인기도 없었고 스스로도 위축되어 나도 나 자신을 잘 대해주지 못했던 긴 세월을 보냈다. 스스로 무능하다고 생각하지는 않았지만 일이 잘 풀리지도 않고 인정도 받지 못하는 10여 년의 세월은 고통스러웠다. 그러나 내가 맡고 있었던 변화경영만은 최고 전문가가 되고 싶었기에 열심히 공부했다. 주어진 자리에서 스스로 비전을 갖고 일했다. 그리고 알게 된 나만의 직업적 깨달음에 대해 책을 한 권 쓰게 되었다. 책은 대단히 유명해졌고 나도 변화 경영 분야 전문가로 브랜드 파워를 갖게 되었다. 그 후 어느 날 세미나에서 동료 직원이 나에 대해 한 말이 잊히지 않는다. '전엔 하는 말이 탐탁지 않더니 책을 쓰고 난 후에 하는 말은 모두 다 금과옥조의 명언'이란 것이다. 세미나실은 웃음 바다가 되었고 나도 따라 웃었다. 사람의 일이 대개 이렇다.

인생에는 반전이 있다. 어두운 밤 손전등을 들고 열심히 뒤지며 이익이 될 만한 것을 구해도 찾아지지 않을 때가 있다. 그러다 문득 그 전등을 자신에게 비춰보면 밖에서 찾을 게 아니라 안에서 찾아야 함을 알게 된다. 돈을 벌려 해도 투자에 구멍이 뚫리고, 승진을 하려 해도 시켜주지 않고, 일을 도모하지만 꼬이기만 할 때, 자신을 들여다보면 활로가 생긴다. 밖에 투자할 일이 아니라 자신에게 투자해야 함을 깨닫게 된다. 사람 능력은 천차만별이다. 그러나 자신을 잘 들여다보고 계발하면 한 분야에서만은 관중 같은 인물이 될 수 있다.

지금 하는 일을 가장 아름답게 처리하는 비법이 있게 마련이다. 지금 하는 일을 즐기고 잘하게 될 때 대가가 될 수 있다. 대가는 한 분야에서 다른 사람이 갖지 못하는 시야를 확보한 사람이다. 이때 인생의 반전이 이루어진다.

결혼

연애는

그 사람에 대한 사랑으로 시작해

그리고 그 사람에 대한 절망으로 끝이 나지

연애는 사랑의 문제니까

관능은 연애를 멋지게 리드하고

열정은 두 사람이 불타게 해

죽어도 좋아라고 소리치게 해

결혼은 달라

연애와 결혼 사이에는 턱이 있어

잘 보이지 않아

그러나 그 턱에 걸려 자빠져

마빡이 터지고 턱이 날아가는 사람들을 많이 보았어

이 바보야

결혼은 말야

관계야

결혼을 하면 서로 한두 가지씩은 희생해야 해

그래 그래 좋아하는 것을 내놓았으니

결혼은 시련인 거지

'관계라는 신 앞에 바쳐진

자아라는 제물'

그게 바로 결혼이야

근데 내놓을 때 잘 내놓아야 해

서로 내놓아야지

한 사람만 내놓으면 안 돼

말하자면

관계를 위해 희생해야지

상대를 위해 희생하면

내가 죽어버려

내가 죽으면 관계도 없어

내가 빳빳하게 살아 있어야

그 관계가 오래간단 말이지

롱나잇이야

남편은 아내에 의해 정의되고

아내는 남편에 의해 정의돼

두 사람 모두 관계 안에서만

그 정체성을 가지게 되지

연애하듯 결혼해 있으면 안 돼

관능을 따르면 파국이야

옆이 길게 찢어진 스커트 사이로

멋진 허벅지가 보이는 여인을 따르면 안 돼

꽃처럼 생긴 제비도 곤란해

온당한 이성이

온당한 결혼을 이끌게 되지

관계 안에서 둘이 하나가 되면

찰떡궁합이야

원래 하나였던 사람 둘이

짝 찾아 탁 붙어버린 찰떡

결혼은 재회야

그대 부디 행복하기를

지금을 축복하라

나이가 들어가며 후회를 하지 않는 버릇이 생겼다. '그때 그 순간을 깊이 들이마시고 뼛속까지 취하게 하라'는 말을 종종 나에게 하곤 한다. 그런 자세가 사물의 좋은 점을 많이 보게 해주고 지금 나에게 다가온 시간을 좋은 시간으로 만들어내는 습관을 키워준 듯하다. 이것은 그 시간을 축복으로 인식하는 태도를 말하는 것인데, 어쩌면 행복에 대한 태도이기도 할 것이다. 모든 행복은 '나는 축복받았다'는 인식 없이는 얻기 어려운 것이기 때문이다.

알고 지내는 젊은이가 있다. 눈치 빠르고 글을 잘 쓰고 유쾌한 사람이다. 그런데 요즈음은 그다지 기분이 안 좋아 보인다. 회사 일이 시들하고 미래가 불투명하고 벌어둔 것은 없다는 생각이 기분을 가라앉게 만드는 듯하다. 그러다 보니 연애도 잘 안 되는 모양이었다. 잠깐, 원인과 결과가 서로 뒤바뀐 것 같기도 하다. 연애가 잘 안 돼서 모든 것이 시들한지도 모르겠다.

아주 멀리 옛날로 가, 이 청년보다도 더 젊었던 학창 시절에 내 친구 하나가 여학생을 사귄 적이 있다. 아주 까놓고 '너와 나는 연인', 이런 관계는 아니었고 친구도 아니고 연인도 아닌 모호한 거리에 그들은 서 있었다. 둘 중에 누가 다른 애인을 만들어 와도 상대에게 화를 낼 수 없는 자유로운 관계처럼 보이기도 했지만 절대로 그런 일은 없기를 바라는 그런 관계였다. 그러나 여자는 그 모호한 관계를 더 이상 참을 수 없었다. 어느 날 이 영리하고 매력적인 여인은 내 친구에게 정말 좋아하는 남자가 따로 생겼다고 했다. 그 후 그들의 모호한 관계는 서먹해졌다. 눈치를 보니 그녀 역시 그 남자와 잘되는 것 같지 않았다. 어쨌든 소극적이었던 내 친구는 그 일로 오랫동안 감정적 굴곡을 많이 겪었다. 공부도 안 되고, 기분도 가라앉고, 매사에 의욕이 없었다. 그래서 알게 되었다. '연애가 잘돼야 모든 것이 잘된다'는 인과관계를. 그 젊은 나이에 사랑이라는 것은 모든 것이기도 하니까.

나이가 차서 연애를 하는 사람들은 자연히 결혼을 생각할 것이고, 결혼은 사랑과 달라 아주 현실적인 문제를 두 사람 사이로 밀어넣게 되어 있다. 이 직업으로 이 사람을 먹여 살릴 수 있을까? 전세라도 얻을 모아둔 돈도 없이 이 여자를 이렇게 만나 사랑해 어쩌려는가? 하는 질문들은 그들의 사랑이 결혼으로 이어지는 길 위에 놓인 커다란 돌덩이와 같다. 종종 젊은이들은 이 돌덩이에 채어 넘어지고 엎어진다. 그리고 꽤 많이들 이런 이유로 헤어진다.

그러나 직업이 신통찮고 전셋돈이 없어서 헤어지는 것은 아니라고 믿고 싶어 한다. 사랑은 그것보다는 위대해야 하니까. 자신의 사랑이 그렇게 허약하다는 것을 받아들이기 어렵기 때문이다. 그러나 현실이 야기한 이런저런 스트레스와 불화와 싸움 그리고 걱정은 가장 중요한 것을 좀먹어 결국 사랑조차 버리게 한다. 사랑하기 위해 필요한 것들이 사랑보다 더 중요해지면서 사랑을 몰아내고 오히려 그 자리를 차지하게 되는 꼴이다.

이 젊은이가 아마 요즘 그런 모양이다. 그런저런 복잡한 현실적 생각들이 사랑의 즐거움을 앗아가고, 서로 만나 나누는 빛나는 순간들을 시무룩하고 우중충하게 만들어놓는 듯하다.

나는 이 젊은이에게 짧은 편지를 남겨두었다.

"많이 웃고 많이 감탄하도록 해라. 그럭저럭 꾸려가는 인생은 늘 질척이게 마련이다. 걱정하고 불안해한다고 미래가 밝아지는 것은 아니다. 비 오면 비를 맞고 해가 나면 햇빛 속을 걸으면 되는 것이다. 그런 여행이 재미있고 아주 많은 즐거운 이야기로 가득하게 된다. 다른 사람과 다른 이야기를 많이 만들어낼수록 그 사랑은 특별한 것이다. 사랑이 아닌 것들이 사랑을 죽이게 하지 마라. 광주리에 가득하게 과일을 딸 때 그 인생의 추수가 또한 즐거운 것이다. 한때 우리를 당황하게 했던 일들이 어느 날 우리의 삶을 지켜준 기둥들임을 알게 될 것이다."

요즘 나는 인생이 참으로 아름답게 느껴진다. 돈을 더 잘 벌어서도 아니고 특별히 좋은 일이 몰려들어서도 아니다. 그저 삶에 대한 태도를 조금 바꾸었을 뿐이다. 직접적이지는 않지만 어떤 계기가 있었던 것은 사실이다. 내가 아는 사람이 알고 있는 어떤 사람, 그러니까 내가 직접 알지는 못하는 어떤 사람이 다 큰 자식을 잃게 되었다. 뜻하지 않게 끔찍한 일을 당한 것이다. 아는 사람을 통해 그 이야기를 들으며 우리 일상의 행복이 아주 깨지기 쉬운 빙판 위에 세워져 있다는 것을 깨닫게 되었다. 그 일만 아니었다면 우리는 얼마나 행복할까라고 되뇌게 되는 그 일, 바로 그런 일들이 생기지 않았다는 것만으로도 얼마나 고맙고 다행스러운지 모르겠다. 그런 일만 아니라면 약간의 가난, 약간의 불편, 약간의 모욕 같은 것들은 얼마나 하찮은 것인지 모른다.

나는 인생의 좋은 순간순간을 제대로 즐기지 못하면서 종종 그저 시무룩하게 그 좋은 장면들을 놓쳐버리고 있다는 것을 알았다. 하나를 얻으면 둘 셋에 대한 욕망 때문에 하나의 고마움을 제대로 즐기지 못했다. 나도 모르는 그 사람의 불행 때문에 나를 돌아보게 되었다. 나는 내게 이렇게 말한다.

"지금의 너, 그리고 네가 받은 모든 것들에 고마워해라. 갖지 못한 것에 대한 욕망으로 번민하지 말고 갖고 있는 것에 마음껏 감탄하고 이 축복을 만끽해라. 이 세상은 성취가 모자라는 것이 아니라 감탄이 모자라는 것임을 알게 될 것이다."

지금 회사에서 누구나 할 수 있는 별로 신통치 못한 일을 한다고 시무룩해하는 젊은이는 그 일과 만나게 된 인연을 고마워하기 바란다. 적성에 맞지 않는 일이라도 우직하게 누구보다 부지런히 마음을 다해 하다 보면 그 일 옆에서 본인과 잘 어울리는 샛길을 찾아낼 수 있을 것이다. 어쩌면 그 길이 평생의 내 길이 될지도 모른다. 많은 사람들이 바로 그렇게 제 길이 아닌 길의 샛길에서 시행착오를 거쳐 제 길로 들어서는 경우가 많다.

우리는 지나치게 성공에 중독되어 있다. 그래서 성공 아닌 모든 것을 두려워하게 되었다. 인생의 굽이굽이 순간순간을 절실히 살아온 사람이 인생의 맛을 가장 잘 안다고 생각한다. 지금을 축복이라고 여기자. 여기에 깊은 교훈이 있다고 생각하자. 지금 이 순간이 괴롭고 지루하다면 먼저 그것을 영혼 속으로 깊숙이 빨아들이자. 그래야 이곳을 떠나갈 수 있다.

지금 서 있는 이곳, 이 플랫폼이 어디인지 모르면 다음 역, 바로 우리가 바라는 '희망역'이 어디인지도 알 수 없다. 지금에 감사하자. 감사가 부족하면 지금 서 있는 땅에 발을 디디고 설 수도 없고 삶을 즐길 수 없고 행복해질 수도 없다. 스스로 지금을 축복하자. 지금을 축복해주지 못하면 늘 인생은 구질거리게 마련이다. 지금을 축복하는 능력, 그것이 바로 행복이다.

작가도 아침에 깨어
자신의 글로 출근한다

올해의 마지막 연구원 수업이 끝났다. 지난 1월 자신의 역사를 기술하는 것으로 시작했으니, 그들은 꼭 1년 동안 글과 마주 앉아 있었던 셈이다. 대부분 직장인들이니 그렇게 글 앞에 앉아본 것은 평생 처음이었을 것이다. 1년이 흘렀으니 내년에는 책을 내야 한다. 그들이 작가가 될지 안 될지는 알 수 없다. 중요하지 않다. 그러나 책을 한 권 내는 것은 중요하다. 그것은 약속이었고, 2년간 자신에게 쏟은 희망이었기 때문이다. 희망이 이루어지는 것이 승리다. 승리는 자신을 복제하려 한다. 그리해 성장을 멈추지 않고 지속할 수 있게 한다.

첫 책을 쓰고, 그 승리의 맛이 몹시 좋아 작가의 길로 들어서려는 사람에게 나는 할 말이 있다. 이것을 나의 작가론이라 불러본다.

작가는 좋은 직업이다. 책을 읽는 것이 공부하는 것이고, 생각하는 것이 창조이고, 글을 쓰는 것이 실천이다. 언제 어디서나 종이 한 장 연필 한 자루면 끄적거릴 수 있고 죽을 때까지 할 수 있다. 평생 직업이고, 저 좋아 하는 일이다.

늙어서 몸이 삐걱거려도 즐길 수 있고, 다리몽둥이가 부러져 침대에 누워 있어도 할 수 있다. 어쩌면 늙어서도 잘할 수 있는 몇 개 안 되는 일 중의 하나이고, 침대에 몸져누워 있기 때문에 잘할 수 있는 유일한 일이 아닐까 한다. 거기다 지식노동자이니 말도 제법 할 수 있고, 글도 제법 쓸 수 있다. 먹물이니 어디 가서 무식하다는 소리는 듣지 않을 뿐만 아니라 제법 대접도 받을 수 있다. 제일 괜찮은 것은 남에게 고용되어 있지 않으니 제법 자유를 누릴 수 있다. 자유, 거 얼마나 좋은 말이냐. 제 맘대로 살 수 있으니 멋진 일이 아니냐.

거기에 돈도 제법 벌 수 있다. 이 대목에 눈을 동그랗게 뜨고 완강히 거부하는 사람들이 많을 것이다. 뭘 모르는 소리! 이구동성으로 말할지 모른다. 책이 잘 팔리던 때도 전업 작가로 먹고사는 사람은 열 손가락에 꼽힐 정도였다. 지금은 책도 잘 팔리지 않는다. 그러니 몇 년씩 고생해 책을 내도 1,000만

원도 벌기 어렵다. 한 달에 200만 원이 벌리지 않아 작가 폐업을 한 작가들이 무수하다. 그러니 돈을 제법 벌 수 있다는 말은 해서는 안 될지도 모른다. 그래도 나는 돈을 벌 수 있다고 믿고 있다. 승산이 있기 때문이다. 내 말을 들어보라. 다음 두 가지를 지키면 괜찮은 직장인의 연봉을 뛰어넘을 수 있다.

첫째, 평범한 재주를 가진 사람 기준으로 책은 1년에 한 권쯤은 나와야 한다. 그렇게 안 되면 놀기에 치중한 것이다. 적어도 직장인만큼이라도 매일 노력한 작가는 1년에 꽤 괜찮은 책 한 권을 써낼 수 있다. 아침에 출근해 저녁 늦게 후줄근해져서 퇴근하는 직장인만큼, 매일 그렇게 지금 쓰고 있는 책에 시간과 관심과 기쁨과 스트레스를 쏟고 나면 책 한 권이 쓰인다. 아이와 비슷하게 책의 회임 기간을 1년으로 잡아라. 더 긴 놈도 있고 더 짧은 놈도 있을 수 있지만 매년 책 한 권 출산하는 것을 이 프로젝트의 기본으로 삼는 것이 좋다. 영감이 떠오르면 신에게 감사하고, 그렇지 않으면 땀으로 쓴다. 매일 출근하는 직업인처럼 작가도 매일 제 땀으로 먹고산다.

둘째, 저자와 독자가 교통할 수 있는 황금 광장을 구상해야 한다. 어떻게 쓸까를 기획해야 한다. 작가는 비즈니스맨이 아니고 예술가다. 그러니 시장과 대중이 원하는 것만을 써서는 안 된다. 내가 들려주고 싶은 것도 써야 한다. 대중이 원하는 것에 편승해 그것만 겨냥하면 장사꾼이지 작가가 아니다. 눈치 보는 자의 천박함을 떨쳐버리기 어렵다. 그것은 작가의 영혼이 아니다. 그러나 듣고 싶은 사람을 생각하지 않고 제가 세상에 하고 싶은 말만 떠들어댈 때, 세월이 지나 그 말들이 시대를 앞선 예언이었음이 입증되면 선지자가 되겠지만, 어림도 없는 이야기로 그치면 추운 노숙자에 불과하게 된다.

삶의 어디에나 균형의 원리가 작동하듯이 작가가 들려주고 싶은 이야기와 세상이 듣고 싶은 이야기가 일치될 때 작가는 가장 행복하다. 대중과 나 사이에서 자신의 전문 분야에 대한 훌륭한 소통의 통로를 만들어내는 창조적 시도를 끊임없이 해야 한다. 대중이 어렵다고 하면 더 이상 쉽게 쓸 수 없다고 버티지 말고 쉽게 써보려 애써야 한다. 그러면 쉽게 쓰는 법을 터득할 수 있다. 대중이 지루해하면 '나는 원래 그런 사람이야'라고 나자빠지지 말고, 자신에게 빠져들 몰입의 방식을 찾아내려 애써야 한다. 세상이 듣고 싶어 하지 않으면 그들이 즐겨 들을 수 있는 다른 통로를 개설해야 한다.

내 심장의 소리를, 대중이 원하는 방식으로 원하는 때에 제공해주기 위해 기획하고 구성하면 3만 부는 팔 수 있다. 그러면 대략 연봉 5,000만 원이다. 많지는 않지만 죽을 때까지 작가로서 먹고살 수 있다. 평생 직업이다. 종종 훨씬 더 많이 팔릴 때도 있다. 그러면 이 우묵한 지점에 몇 년 먹고살 수 있는 양식이 고인다. 이때는 원한다면 제가 쓰고 싶은 책을 대중의 눈치를 보지 않고 실컷 내지를 수 있다. 세상에 나를 외치는 일은 얼마나 통쾌한 일인가!

술 먹은 다음 날 아침에도 출근해야 하는 직장인처럼 작가도 아침에 깨어 자신의 글로 출근해야 한다. 무엇을 보고 느끼든 작가는 그것을 글감으로 데려와야 한다. 모든 길은 글로 통한다. 나는 쓴다. 씀으로 나는 존재한다. 이것이 작가의 스피릿이다.

나는 새벽에 글을 쓴다. 아직 어두운 새벽에 글을 쓰기 시작해 아침노을이 붉게 물들고 이내 태양이 솟아오를 때까지 나는 글을 쓴다. 새벽이 아침에게 시간을 넘겨줄 때 책과 글을 덮고 나의 삶을 맞이하기 위해 나는 책상에서 일어난다. 하루는 몸으로 살기에도 부족한 육체의 시간이니 먹고 마시고 사랑하는 때다. 새가 날갯짓으로 작은 미풍을 만들어내고 붉고 흰 꽃이 은은한 향기를 뿜어내는 잔디 위를 걸어 푸른 바다로 나간다. 신발을 벗는다. 파도가 긴 백사장 끝까지 밀려갔다가 흰 포말을 남기고 물러서는 광경을 바라보며 맨발로 모래 위를 걷는다.

사람들은 바닷가에서 아침을 먹는다. 나도 아침 산책을 마치고 식당으로 가 접시 가득 채소를 담아 가져와 싱싱한 생명을 먹는다. 그리고 바다와 마주 바라보고 앉는다. 파도는 늘 나를 깨어 있게 한다. 아홉 개의 망고를 먹고, 맥주를 한 잔 마신다. 정오다. 이때 자라투스트라는 산에서 내려온다. 정오는 그림자가 가장 짧을 때다. 그러므로 태양 아래 오류도 가장 적을 때다. 니체는 실체의 그림자가 가장 짧을 때를 철학의 최적기라 생각한다. 니체가 정오를 좋아한 이유는 그림자가 가장 짧기 때문이었다. 왜곡이 없는 시간, 그림자가 가장 짧은 시간에 생각하는 것이다. 그러나 나는 이것을 싫어한다. 왜 뜨거운 태양 아래서 정수리에 땀을 흘리며 고역을 치르겠는가? 그때는 커다란 나무 밑에서 맛있는 음식을 먹고 포도주를 마시며 웃고 떠드리라. 삶을 기뻐하는 철학이 아니라면 철학이 무슨 소용이 있겠는가?

낮에 나는 도시로 간다. 사람들은 땀을 흘리며 일한다. 거리는 사람으로 북적이고, 웃음으로 가득한 얼굴과 슬픔 어린 얼굴이 있고 비정한 냉혹으로 이미 죽어버린 얼굴도 있다. 몇 사람을 만나고 부두에서 작은 배를 타고 섬으로 간다. 섬은 초록빛 바다를 갖고 있고, 그 속에는 물고기들이 논다. 줄무늬 열대어들도 있고, 거무튀튀한 무어인 용사 같은 놈도 있다. 그놈들이 내 발에 다가와 간지럽힌다. 발로 살짝 걷어차면 금세 돌아와 보복한다. 내가 놀고 싶어 한다는 것을 그 작은 고기는 알고 있다. 갑자기 하늘이 어두워지더니 비가 쏟아진다. 커다란 잎을 무수히 달고 있는 나무 그늘에 서서 비 떨어지는 모습을 본다. 시간이 비처럼 떨어져 어느새 늦은 오후로 치달아간다. 비가 지고 다시 하늘은 밝아진다. 나는 섬을 떠나 도시로 되돌아온다. 그리고 도시에서 내가 있는 바닷가 숙소로 차를 타고 돌아온다.

그렇게 낮이 지나면 저녁이 온다. 다시 황혼이 다가온다. 나의 육체에 긴 그림자가 드리우는 시간이다. 삶을 즐긴 육체는 피곤하고, 자고 싶어진다. 늙고 지친 육체는 신을 찾는다. 오늘 낮의 삶을 기억하며 살았던 하루를 아쉬워한다. 밤이 욕망의 시간인 이유는 낮의 미련 때문이다. 지는 노을이 감상을 던져주고 하루의 경험이 싱싱하게 남아 있으니 사유를 하기에 좋은 때인지도 모른다. 그러나 나는 황혼이 찾아와 미네르바의 새가 날아오를 때 생각을 하지는 않는다. 그 생각은 틀림없이 멜랑꼴리할 수밖에 없기 때문이다. 이미 하루를 다 살아낸 저녁이 몸보다 더 긴 그림자를 끌고 그 그림자에 압도되기 때문이다. 몸이 실체라면 그림자는 허상이다. 허상이 실체보다 긴 오류의 시간에는 철학을 해서는 안 된다.

나의 주제는 변화다. 변화란 매일 아침 삶으로 떠나와 밤에 죽은 후, 다시 그다음 날 아침 다른 삶으로 떠나는 것이다. 새벽은 변화가 일어나는 경계의 시간이다. 지난밤이 다 죽고 새로운 낮이 오기 전까지 어둠과 빛이 아름다운 노을로 존재하는 거품의 시간이다. 꿈에서 현실이 태어나듯이, 결심을 하면 그 결심을 이룰 수 있는 하루의 시간이 주어지는 때이니 미래가 탄생하는 축복받은 시간이다. 나는 이때 쓴다. 나는 글로 시작한다. 그러므로 내 글은 다가올 하루를 맞이하기 위한 의식이다. 그때의 내 정신, 그때의 내 각오, 그때의 내 희망을 담고 있으므로, 그 기분 그 느낌으로 내 하루를 살게 된다. 그러므로 글을 써야 비로소 내 하루가 시작된다. 영감이 새처럼 찾아오느냐 마느냐는 중요하지 않다. 영감이 없어도 나는 하루를 살 수밖에 없다. 잘 써지는 날도 있고 잘 안 써지는 날도 있지만 그것 역시 중요하지 않다. 삶이 주어졌으니 나는 씀으로 이 하루를 시작할 수밖에 없다.

위험한 탐험_카를 구스타프 융 1

무의식의 깊은 곳으로 가는 여행은 불확실하고 지극히 위험한 탐험이다. 그것은 오류와 오해의 길이기도 하다. 괴테 식으로 말하면 그것은 '사람마다 통과하기를 주저하는 문'이다. 그러나 평범하기를 거부하는 우리는 외람되게도 이 위험한 문을 열어젖힐 필요가 있다.

이 탐험은 얼마나 위험한가? 치명적이다. 위대한 천재, 니체의 삶은 파괴되었다. 그는 기괴한 바람에 날리는 잎사귀에 지나지 않았다. 그의 뿌리는 통째로 뽑혀 땅 위를 떠돌았다. 니체는 내면의 세계 외에는 아무것도 소유하지 않았다. 그는 현실적인 발판을 모두 잃어버렸다. 실제로 그가 내면의 세계를 소유했는지도 의심스럽다. 오히려 내면의 무의식의 세계가 그를 삼켜버린 것이다. 그에게 현실이 존재하지 않았기 때문이다. 그러므로 과장이 그의 습관이 되었다. 그는 이 세상의 삶을 산 것이 아니라 저 세상의 삶을 살았던 것이다.

인간은 결코 자기 자신에게만 속해 있어서는 안 된다. 인생은 보편성 속에 놓여 있어야 한다. 그러니 이 모험에 따르는 치명성을 피하려면, 지극히 평범한 일상의 끈을 놓으면 안 된다. 아리아드네의 실타래, 이 실이 없이는 우리는 현실로 복귀할 수 없다. 영원한 미궁에 갇혀, 미노타우로스라는 괴수의 공격에 무너지게 된다.

내면적 탐험은 어둡고 외롭다. 심적 체험이란 그 일이 분명히 일어났으나, 아무에게도 말할 수 없기 때문이다. 말하면 오해를 사기 십상이기 때문이다. 그러나 심적 체험은 진실이며, 나뿐만 아니라 다른 사람에게도 '집단적 체험'으로서 진실이라는 것을 알릴 수 있다면 이해의 통로가 만들어질 것이다.

모두 두려워하는 문을 열고 내면의 세계로 모험을 떠나라. 원초적 체험을 겪어야 하고, 이 내면의 모험이 가져다준 것을 현실의 토대 위에 세우는 작업을 해야 한다. 이때 '안'과 '밖'의 모순을 극복할 수 있다. 현실이라는 바탕을 잃으면 힘든 체험도 생명력 없는 주관적 환상과 가설에 그치고 만다.

그녀를 다루는 법_카를 구스타프 융 2

"인간의 마음속에는 내가 만든 것이 아니라 스스로 만들어지는, 자신만의 고유한 삶을 지닌 것이 존재한다는 사실을 분명히 알게 되었다…… 나는 내가 알지 못하고, 내 생각이 아닌 것을 말할 수 있는 어떤 것이 내 속에 존재한다는 사실을 이해하게 된 것이다. 그것은 심지어 나에게 적대적일 수 있는 것들까지도 말할 수 있었다."

내 속에 들어 있는 또 다른 나, 그중에서 가장 원형적인 인격은 남자 속에 들어 있는 아니마, 혹은 여자 속에 들어 있는 아니무스다. 예를 들어 남성의 무의식 속에는 전형적이고 원형적인 형상이 들어 있는데 카를 융은 이것을 아니마라고 부른다. 정신의 병은 인격의 병이다. 의식과 무의식의 이중성을 구별하지 못하면 질환을 앓게 된다. 가장 중요한 것은 의식과 무의식의 내용을 구별하는 것이다. 무의식의 내용은 격리되어야 한다. 격리의 가장 좋은 방법은 우리가 그 내용을 인격화해 의식으로 하여금 그 인격과 관계를 맺게 하는 것이다. 그러면 우리는 무의식에서 힘을 제거해낼 수 있다. 이것이 자기 무의식과의 교제의 한 방법이다.

종종 남자들은 내면에 들어 있는 여성인 아니마의 속삭임에 마음을 열어놓음으로써 현혹되기도 한다. 예를 들어 아니마는 남자의 환상을 예술로 믿게 하고, 남자의 마음속에서 '이해받지 못한 불운한 예술가'라고 부추기는 데 성공하기도 한다. 그리해 예술성이 현실과 일상을 소홀히 해도 좋은 특권을 부여했다고 설득할 수도 있다. 만약 남자가 그녀의 소리를 따라 예술가처럼 현실을 무시하고 살게 될 때, 그녀는 어느 날 또 이렇게 말한다. "당신이 하는 터무니없는 일이 예술인지 아세요? 웃기는군요." 이때 남자는 아니마의 변덕과 이중성 때문에 파멸하고 말 수 있다.

결정적으로 중요한 것은 언제나 의식이다. 의식이 무의식을 이해하고 분명한 자신의 중심을 잡아주어야 한다. 중심을 잡는다는 것은 무의식의 전제와 횡포에 대해 지적인 반응을 한다는 것이고, 윤리적 의무를 회복한다는 뜻이다. '가족과 직업'이라는 일상의 발판을 잃으면, 위험한 내면세계의 탐험에서 되돌아올 곳을 잃게 된다. 무의식의 늪에 빠지게 된다. 즉 현실과 이승으로 돌아오지 못하고 내면에 갇히게 된다. 망상과 환청과 환각이 지배하는 정신적 질환을 앓게 된다.

그렇다고 아니마를 그냥 무조건 배척하면 안 된다. 그녀에게는 긍정적인 측면이 있기 때문이다. 무의식의 이미지를 의식에게 전달해주는 것이 바로 그녀이며, 합리성을 추구하는 우리 시대가 잃어버린 신화적 환상의 모태이기도 하다. 그녀를 잃는 순간 우리는 평범 그 자체가 되고 만다. 유혹당해 완전히 빠져서도 안 되고, 결코 잃어서도 안 되는 것, 그것이 아니마다. 그래서 의식으로서의 나와 무의식으로서의 또 다른 인격인 그녀를 분명히 구별 짓는 것이 중요하다.

실제로 융은 자신의 아니마에게 편지를 보내는 방법을 썼다. 그녀가 그를 이해하도록 말이다. 융은 자신의 아니마가 교활하게 종종 책략을 쓴다는 것을 알고 있었다. 그래서 생각만 하는 것이 아니라 그것을 솔직하게 글로 써서 아니마가 딴소리를 할 수 없도록 만들었다. 이야기하려고 마음먹는 것과 그것을 실제로 적는 것 사이에는 엄청난 차이가 있다. 글을 쓴다는 것은 생각과는 달리 이미 확고한 실천이기 때문이다. 융은 훗날 아니마의 도움을 받지 않고도 무의식의 내용을 직접 받아들이고 이해하는 방법을 터득했다. 그래서 그는 더 이상 아니마와 대화할 필요가 없었다고 한다. 그는 무의식의 이미지들을 꿈을 통해 직접 추론해낼 수 있었기 때문에 중개자가 필요하지 않게 되었다. 아니마란 델파이 신전의 시빌(무녀)처럼 남자의 무의식을 읽어내는 사제인 모양이다.

신부님, 나 참 잘했어요

신부님에게 갔어요

그리고 물어보았어요

신부님

왜 고해성사를 하는지요?

우리가 죄인이기 때문에 그렇단다

그렇군요

일주일 뒤에 다시 신부님에게 갔어요

그리고 말했어요

신부님 죄를 짓지 않았어요

일주일 동안 아주 착한 일을 많이 했어요

저를 축복해주세요

모두 좋은 일만 생기고

좋은 일만 했어요

그러자 신부님이 말했어요

쉿!

고해성사는 죄를 고백하는 거란다

아주 시시콜콜해도 다 말해야 한단다

죄를 짓고 싶지 않아요

좋은 일을 하고 싶어요

나를 부정적인 것과 같이 보고 싶지 않아요

착한 것

좋은 것

기특한 것이 되고 싶어요

신부님

착한 일을 고백하게 해주세요

나를 긍정적인 일과

똑같이 보게 해주세요

무엇이 우리를 지루한 일상과 반복되는 무기력 속에 가두어두는가. 도대체 우리가 인생을 시처럼 살 수 없는 이유가 무엇이란 말인가. 자기경영이란 평범한 개인이 자신을 비범함의 자리, 위대한 자리로 스스로 이끄는 리더십이다. 타인을 위한 리더십이기 이전에 먼저 자신을 이끄는 리더십이다. 자신을 탄생시킬 수 있는 사람만이 자기 자신이 되어 스스로 빛날 수 있다.

다시 봄,
그리고 시

다시 시작하고 싶구나

얼마 전 여러 사람과 남해의 아름다운 섬 보길도에 다녀왔다. 그 섬의 남쪽 끝에 있는 작은 산에 올라 그곳에서 제주도를 보길 바랐다. 봄볕은 따뜻하고 날은 맑았으나 수평선 위에서 아름다운 제주도의 실루엣을 찾을 수는 없었다. 봄의 아지랑이가 시야를 좁혔기 때문이다. 그러나 나는 그렇게 좋은 봄날 바다를 실컷 본 것만으로도 기분이 좋았다.

바다는 내게 늘 알 수 없는 흥분을 안겼다. 모든 것을 담고도 푸를 수 있다는 자기 절제가 좋았고, 그러다가 못 참겠으면 가끔 비바람 속에 거침없이 포효하고 흥분하는 그 자유가 좋았다. 그래서 나는 두 딸들의 이름에 모두 바다를 담아두었다. 성을 빼고 겨우 두 자 남은 선택 중에서 망설이지 않고 바다 '해' 자를 가운데에 덥석 넣어두었다. 그리고 한 번도 후회한 적이 없다.

왜 차가운 푸른색 출렁임이 그렇게 그리운지 나는 아직 정확한 이유를 알지 못한다. 그러나 추측건대 내가 마음속에 불을 가지고 있기 때문이 아닌가 한다. 어느 날 우연히 나를 본 스님 한 분이 내 속에 불 화火가 세 개나 들었다 했다. 아마 그래서 나는 변화경영 전문가가 되었는지도 모른다. 모든 것을 싸지름으로써 새로워지는 불의 특성이 내 기질의 근저를 이루기 때문에 늘 변화와 개혁과 혁명에 도취하는지도 모른다. 그러면서도 변화의 피곤함 속에 그 반대에 서 있는 물의 고요함이 그리운 것은 아닌지 생각해본다. 너무 빨리 간다 싶으면 삶의 여유가 그리워지고, 너무 현실적이어서 먹고사는 것에만 전전긍긍하다 보면 문득 오래 잊고 있었던 꿈과 이상이 그리워진다.

삶은 늘 불안정한 것이다. 어쩌다 이쪽으로 경도되어 균형을 잃고 살다 보면 다시 그 반대의 것이 그립고, 그리해 그쪽으로 몸을 움직여 균형을 잡으려는 이 불안정한 움직임이 바로 삶이 아닌가 한다. 시몬 드 보부아르는 그래서, "매 순간 형평을 잃고 다시 정상을 회복하려는 불안정한 체계, 이것이 바로 삶"이라고 명명했다.

변화경영을 시작하면서 나 역시 물처럼 흘러 바다를 향하는 작은 강이라는 생각을 많이 했다. 한 번도 한자리에 머물지 않고 흘러간다는 것, 그러나 하류로 흐르면서 더 많은 물을 품고 더 낮아지고 유장해져 바다에서 다른 강물들과 만나는 삶, 나는 그것이 변화의 아름다움이라 생각한다. 내 명함에는 '변화경영 전문가 구본형'이라고 적혀 있다. 마흔여섯에 직장을 나와 나 스스로의 정체성이 필요할 때 나를 지탱하게 해준, 스스로 명명한 내 직업의 이름이다.

그러나 쉰 살의 중반을 맞아 나는 나를 '변화경영 사상가'라는 이름으로 부르고 싶다. 말 그대로 어떤 기술적 전문인에서 변화에 대한 철학과 생각을 일상과 녹여내는 사상가로 진화하고 싶은 것이다. 그리고 가능할지 모르지만 나는 '변화경영 시인'이라는 이름으로 죽고 싶다. 나이 들어 시를 쓰기는 어려울 것이다. 시는 젊음의 그 반짝임과 도약이 필요한 것이므로 평화를 지향하는 노년은 아마도 그 빛나는 활공과 창조성을 따라가기 어려울 것이다.

그러나 시처럼 살 수는 있을 것이다. 시처럼 아름답게 살수는 있지 않겠는가. 자연과 더 많이 어울리고, 젊은이들과 더 많이 웃고 떠들고, 소유하되 집착이 없는 자유로운 행보가 가능할 것이다. 내가 왜 시인이 되고 싶은지는 잘 모른다. 그저 시적인 삶, 묶인 곳 없이 봄날의 미풍처럼 이리저리 흩날려도 사람들을 조금 들뜨게 하고 새로운 인생의 기쁨으로 다시 시작하게 하는 그런 삶에 대한 그리움 같은 것이리라.

계절이 바뀌었다. 자연의 절제와 죽음이었던 겨울이 지나고 봄은 맨발을 한 여신처럼 산들거리며 온다. 얼었던 땅이 녹아 푸근히 들뜨고, 몸을 움츠려 겨울을 난 잡풀이 어느새 조금씩 녹색 빛을 띤다. 죽음 속에서 삶이 나고 새롭게 다시 시작된다. 봄이다. 내 안에서도 그대의 마음속에서도 다시 살아야겠다는 초록빛 목소리가 낭랑하다.

다시 살자. 내게 시간이 아직 남아 있는 유일한 이유는 인생을 다시 시작하기 위함이다. 아침마다 세수하는 이유도 오늘이 어제와 다르기 때문이다. 매일 세끼 밥을 먹는 이유도 밥을 먹을 때마다 '내가 다른 것들을 죽여 그것을 먹고 내 삶이 살아지는 것이구나'라는 각성을 주기 위해서다. 죽음을 먹고 삶이 자라는 것이니 어찌 치열하지 않을 수 있겠는가. 날마다 새로운 인생, 새봄 물오른 나무처럼 다시 살고 싶구나.

문득 등을 펴 별을 보다

그날은 이상한 날이었다. 우리는 함께 점심을 먹고, 공연을 보고, 집에 와서 포도주를 마셨다. 조금씩 취했다. 그때 눈이 내렸다. 이윽고 펑펑 쏟아졌다. 나는 언젠가 찾아갔던 강연회 이야기를 꺼냈다. 그때 들은 그것, 지금도 기억하고 있는 단하나의 내용을 그에게 말해주었다.

"한 여인이 있었어. 그 여인은 등이 굽어 있었지. 슬픔이 눈물로 흘러내려 등에 고였어. 그 이야기를 들으면서 나는 슬픔이 눈물로 고여 낙타의 혹처럼 등이 굽었구나 했어. 그 여인이 가엾다 여겼지. 우연찮게 그 비유가 내 가슴에 안겨 들었어."

이야기를 마치자 앞에 앉아 있던 그가 일어나더니 등 굽은 여인의 흉내를 내며 몇 발자국을 걸었다.

"봐라. 등이 굽으면 땅밖에 볼 수가 없어. 별을 볼 수가 없지. 등을 펴야 하늘을 볼 수 있어."

그리고 내게 등을 펴고 하늘을 보라고 했다. 오랫동안 나를 기다려온 그는 그 순간에 내 마음을 낚았고 포교에 성공했다. 그리해 술김에 나는 영세를 받기로 했다. 내 안에 술이 있었기에 주를 받아들이게 되었다.

그 밤 눈이 쉬지 않고 내려 천지가 온통 하얗게 변했다. 길이 미끄러워 차로 그를 데려다주지 못했다. 우리는 미끄러운 고갯길을 걸어 내려가며 강아지처럼 흥겨워했다. 언젠가 노래하고 춤을 추던 마이클 잭슨이 이런 말을 했었다.

"춤을 출 때 어떤 영적인 힘이 깃드는 것을 느낀다. 그 순간 내 영혼은 더할 나위 없이 고양되어 나는 우주와 하나가 된다. 별도 되고 달도 된다. 사랑하는 존재가 되는가 하면 사랑받는 존재가 된다. 승리자가 되는가 하면 무언가에 정복당한 존재가 된다. 노래하는 존재이자 노래 자체가 된다."

황홀한 마음으로 우리는 그 눈길을 잠시 걸었다.

나는 거부하지 않는다. 때가 되면 사람은 새로운 운명을 찾아 나서게 마련이다. 시시한 변호사였던 간디가 위대한 지도자가 된 전기는 마리츠버그 역에서 덜덜 떨며 지새운 그 하룻

밤이었다. 마리츠버그 역의 우연은 간디 한 사람에게만 찾아오는 것이 아니라 준비가 된 사람에게 우주가 신비롭게 운명을 알려주는 것임을 깨달았다. 우연이 운명이 되는 이야기는 문학이 다루어온 흔하고도 멋진 만남의 방식이었듯 우리 역시 현실 속에서 운명적 우연을 겪는다. 우리는 우연을 통해 자신이 누구인지 이 세상에서의 역할이 무엇인지 홀연 깨닫는다. 이런 우연들은 거듭된다. 그리고 우리는 점점 더 높이 뛰어오른다. 우연이 그저 우연으로 끝나고 마는 무수한 버림의 과정을 지나 때가 무르익어 감이 떨어지듯 우연은 필연이 된다.

어떤 사람은 큰 별이 되고 어떤 사람은 잘 보이지도 않는 작은 별이 된다. 크고 작은 것은 아무런 문제도 되지 않는다. 사람은 누구나 별이다. 그것이 감동인 것이다. 내 등이 굽어 있을 때, 나는 땅 위에 있는 것들밖에는 보지 못했다. 내 시야가 닿는 좁은 땅, 그것이 내 정신적 우주였다. 문득 등을 펴 하늘을 보고 별을 보고 싶었다. 그리해 나는 내 안의 신을 믿게 되었다.

시처럼 살고 싶다. 삶이 맑은 물속의 작은 고기 떼처럼 그 유쾌한 활력으로 가득 차기를 얼마나 바라왔던가. 삶이라는 대지 위를 내 인생은 여러 개의 시로 여울져 흐른다. 날쌘 고기처럼 도약하고, 깊고 푸른 물빛으로 잠복하고, 햇빛 쏟아지는 황홀로 새처럼 지저귀며 흐른다. 때로는 봄꽃을 실어 나르고, 때로는 폭우 뒤의 격동으로 몸부림친다. 이내 거울 같은 평화 위에 하늘과 나무 그림자를 실어 나르고 마침내 바다로 흘러들어 우주 속으로 사라진다. 그때 삶은 작은 강처럼 기쁨으로 흐르리라. 나는 나를 위해 시를 하나 지었다.

　가득 채워졌던 젊음은 한 번도 젊은 적 없이 비어가고 인생을 다 뒤져도 나는 없어

　살아보지도 못하고 다 사라지기 전에 얼른 이 코너를 돌아야겠어

　검은 깍지를 깨뜨리고 꽃이 터지는 것을 보아야겠어

　어느 골목 모퉁이를 돌아설 때 벽으로 막혔던 햇빛이 쏟아지듯, 나를 덮치고

　나의 황홀은 꽃이 되었어

　우주에 한 걸음 다가서자 우주는 선뜻 내게 열 걸음 다가와 주었어

　나를 기다린 거야, 나보다 더한 그리움으로

내 꽃도 한 번은 피리라

역도선수가 바벨을 들어 올릴 때, 카메라는 선수의 얼굴을 클로즈업한다. 나는 그 얼굴을 보는 것을 즐긴다. 운명 앞에 선 사람의 얼굴이 아마 그럴 것이다. 입으로 스스로에게 주술을 거는 모습을 볼 때마다 나는 자기경영이란 바로 저런 것이다 생각하곤 한다. 자기 안에서 가장 힘센 것을 끄집어내기 위해 혼신을 다하는 모습, 그래도 엄습하는 두려움 앞에서 자기보다 더 큰 것에 의지해 그 두려움에 맞서는 모습, 그것이 바로 자기경영이다. 자기경영은 자신에게 거는 주술이다.

그러나 자기 암시와 주술만으로 효험을 보기는 어렵다. 올림픽 역도 금메달리스트 사재혁은 하루에 5만 킬로그램을 들었다고 한다. 두꺼비 기름에 고양이 눈물과 지네 다리를 섞어

만든 마법의 묘약이 효험을 보이는 것이 아니라 작은 산 하나를 들어 올리는 연습과 훈련이 주술의 효험을 높이는 유일한 방법이라는 점 역시 자기경영의 진수를 말해준다. 훈련이 역도선수의 몸을 역도선수답게 만드는 것과 마찬가지로 자기경영은 끊임없는 훈련을 통해 정신근육을 키워가는 것이다.

자기경영은 세 가지를 확보해야 한다. 첫 번째는 인생이라는 올림픽에서 내가 출전할 종목을 결정해야 한다. 나를 가장 잘 표현할 수 있는 종목, 그것 때문에 내가 빛날 수 있는 가장 나다운 종목은 무엇일까? 이것이 핵심 질문이다. 이것을 알아내는 것은 쉽지 않다. 다행히 우리는 직장에서 이것도 해보고 저것도 해볼 기회를 갖게 된다. 그때마다 그 일과 나의 어울림을 꼼꼼히 따져보면서 나에게 가장 어울리는 과제들을 찾아가야 한다. 그러다 '이 일이다' 싶은 것이 나타나면 그 일에 나를 걸면 된다. 종종 중년이 넘어서도 천직을 찾지 못한 경우가 비일비재하지만 모색의 노력을 그쳐서는 안 된다. 나도 마흔셋이 되어서야 비로소 나를 걸 만한 일을 찾았다.

두 번째 자기경영의 요체는 훈련이다. 일단 가장 나다운 종목을 발견하면 땀을 흘려야 한다. 땀은 매일 흘려야 약발이 받는다. 연습이 습관이 되어야 매일 할 수 있고 매일 해야 선수가 될 수 있다. 매일 연습하지 않는 수영선수가 경기에 출전할 수 없고, 매일 바벨을 들어 올리지 않은 선수가 가슴에 자기 이름을 달고 경기에 나설 수 없는 것과 같다. 학문 하는 사람들 사이에서는 "지식의 깊이는 궁둥이 살"이라는 말이 있다. 어디서든 오래 끈기 있게 매일 자기를 훈련한 사람이 영광과 명예를 얻을 수 있다. 길게 보아 인생은 공평한 것이고 살 만한 것이다.

자기경영의 세 번째 요체는 운이다. 운이 좋을 수도 있고 나쁠 수도 있다. 역도선수 배도영은 다리에 쥐가 나서 경기를 계속할 수 없었다. 그가 넘어져서도 바벨을 놓지 못했던 장면은 우리를 안타깝게 했다. 유도선수 왕기춘은 결승전에서 13초 만에 얼떨결에 한판패를 당하고 말았다. 모두 아쉬운 장면이다. 그것이 바로 경기의 속성이다. 오늘 내게 일어난 불운이 눈물이라면 내일 나에게 일어날 수 있는 행운은 웃음이 될 것이다. 중요한 것은 불운이 일어나도 내일 다시 바벨을 들어야 하고, 행운을 거머쥐었다 하더라도 내일 다시 바벨을 들어야 한다는 것이다. 인생의 올림픽에서 어떤 일이 벌어지더라도 다시 시작할 수 있는 자세, 그것이 바로 자기경영이다.

인생 전체를 기획할 때는 영원히 살 것처럼 긴 안목으로 다가서고, 실천을 할 때는 오늘이 마지막 날인 것처럼 치열하게 매달려야 한다. 그리고 신념을 갖고 자신의 언어로 주술을 걸어야 한다. 내가 가장 좋아하는 평범한 사람을 위한 주술.

"내 꽃도 한 번은 필 것이다."

지금이어도 좋고 몇 년 뒤여도 좋다. 죽기 전까지 누구든 한 번은 그 시상대 한가운데에 설 수 있을 것이다.

사랑은

사랑은 눈이 없어요

꽝꽝 들이받아요

규범에 대들고

사회에 대들어요

그러니

멀쩡한 것이 눈멀었다 하지요

사랑은 면역성이 없어요

어리석음을 반복하고

믿을 수 없는 것을 다시 믿어요

얼간이 팔푼이지요

사랑은 고통을 몰라요

사랑한다면

뭔들 못하겠어요

지옥의 고통조차

사랑을 빛낼 거예요

참으로 무모한 일이에요

사랑은 상처예요

상처를 낸 사람만이

고칠 수 있어요

창으로 찌른 사람만이

그 창으로 낫게 해줘요

그렇게 원시적인 치료는 처음 봤어요

사랑이 없으면 고통도 없어요

고통이 없다면 사랑도 아니에요

사랑의 고통은 삶의 고통이에요

그리해 사랑이 없다면

삶도 없어요

참 이상한 등식이에요

나를 마케팅하는 법

"어느 날 아침에 일어나보니 유명해져 있었다."

낭만적인 시인 조지 고든 바이런의 말이다. 누가 이것을 마다 하겠는가! 젊은 날 얼마나 이런 기적을 바랐던가. 나이가 들어 그 일의 부질없음을 알게 되었다. 모든 유명한 사람은 어느 날 아침, 태양처럼 갑자기 세상에 떠오른 듯 보이지만, 정작 당사자는 아무도 알아주지 않는 춥고 고독한 길을 오래도록 걸어왔다는 사실을 알고 있다.

세상이 나를 알아주면 기쁘다. 세상이 나를 알아주지 않으면 세상을 원망한다. 세상이 나에게 박수 치고 환호하기를 바라는 것은 인간의 사회적 열망이다. 대부분의 사람들은 이 열망을 씨앗처럼 품고 산다. 우리는 세상과의 화해, 세상의 존경, 나아가 세상을 이끄는 사람이 되고 싶어 한다. 세상이 자신을 알게 하는 데 성공한 사람은 자신의 이름으로 세상과 통한다. 그들의 이름이 곧 브랜드인 것이다.

세상에 나를 알려 유명해지는 법, 나는 이 프로세스를 개인 마케팅이라고 부른다. 우리는 어떻게 유명해지는가. 누구도 제가 걸어온 길을 통하지 않고는 유명해지지 못한다. 사람들은 드라마가 없는 인생을 좋아하지 않는다. 개인 마케팅의 시작은 개인의 매력으로부터 시작한다. 마케팅에서는 지금까지 이것을 "잘 만들어진 제품은 마케팅을 필요로 하지 않는다"라는 역설적 법칙으로 설명해왔다.

자신을 세상에 알리고 싶은 사람은 가장 중요한 본질적 속성을 통과해야 한다. 자신의 인생 자체가 베스트셀러여야 한다. 특별해야 한다는 뜻이다. 따라서 '남들처럼 하면 중간은 간다'는 처세론을 믿고 있다면 이미 마케팅에서 실패한 것이다. '나의 인생'이라는 매력적인 스토리가 없는 것이다. '특별해져라, 차별적이 되라' 만이 자신에게 들려줄 시가 되어야 한다. 대중이 가지 않는 길, 그 길만이 대중적인 길이 될 수 있다는 것, 이 패러독스가 개인 마케팅의 전제다.

유명해지고 싶다면 자신의 길을 가라. 이것이 공식이다. 그러므로 기구한 운명, 세상에 대한 분노, 내 길에 대한 광적인 확신, 새로운 시도, 오랜 땀, 열광과 고독, 바로 이런 것들이 자신을 특별하게 만드는 묘약의 제조법이다. 이것들이 바로 마녀가 어두운 밀실에서 오래된 마법의 책을 뒤적이며 토끼 앞발과 두꺼비 기름과 모기 눈곱과 곰 발톱을 넣어 조제한 특효약이다. 자신의 삶을 둘러볼 때, 다른 사람과 같고, 버펄로 떼 속의 한 마리처럼 꼼짝없이 무리에 섞여 밀려가는 인생을 보내고 있다면 유명해질 수 없다.

그렇다고 매력을 뻥튀기하거나 과장하거나 조작하거나 왜곡해서는 안 된다. 먹을 것 가지고 장난하면 안 되듯이 인생을 두고 장난쳐서는 안 된다는 말이다. 반대로 '너의 인생을 살라', 이 진지한 격언을 기억하고 실천하라는 뜻이다. 너만의 인생, 이것이 바로 위대한 팔 것이며, 여기에서부터 개인 마케팅은 시작된다.

그러나 상품의 설계와 생산 자체가 마케팅의 본질적 영역이 아니듯이, 특별한 인생 자체의 기획과 창조는 개인 마케팅의 본질적 영역을 벗어나 있다. 개인 마케팅의 정의는 여전히 나를 세상에 알리는 프로세스임을 기억해야 한다. 팔아야 할 매력적인 상품이 없다면 마케팅 자체가 필요치 않다. 마찬가지로 나의 인생을 통해 창조된 나만의 필살기가 없다면 마케팅 자체가 성립되지 않는다. 따라서 차별적 필살기는 마케팅의 전제조건이 된다.

필살기가 없다면 마케팅 이전에 먼저 그것을 만들어내야한다. 그러나 필살기가 있다 하더라도 세상이 그것의 존재를 알지 못한다면 비즈니스가 되지 못한다. 바로 이 지점에서 마케팅이 필요하다. 따라서 내가 가진 차별성, 나라는 존재를세상에 어떻게 알릴 것인가라는 질문이 바로 개인 마케팅의핵심 주제다. 이것은 특히 1인 기업가들이 풀어야 할 중요한과제다. 직장인에게도 못지않게 중요하다. 조직 내에서도 나라는 존재의 차별성을 알릴 수 있는 유효한 방법을 갖추고 있어야 하기 때문이다. 우리는 어떻게 우리를 긍정적이고 매력적으로 세상에 어필할 수 있을까.

가장 중요한 것이 진정성이다. 마케팅에 웬 진정성이냐고반문할지 모른다. 마케팅은 언제나 과장과 왜곡을 피할 수 없는 광고와 떼려야 뗄 수 없는 관계에 있어왔기 때문에 더욱그렇게 생각될 수 있다. 그러나 진정성은 이 시대 가장 영향력 있는 비즈니스 용어가 되었다. 오늘날의 마케팅은 어느 때보다 더욱더 진정성을 요구한다. 왜냐하면 갖가지 소셜 채널

들이 진실에 접근할 수 있는 길을 만들어내지는 못했지만 위선과 거짓을 벗겨낼 만큼의 투명한 통로를 개통해두는 데는 성공했기 때문이다. 누구도 과장과 왜곡으로는 오랫동안 진정성을 유지할 수 없게 되었다.

진실은 희귀한 자원이다. 희귀한 것은 늘 가치를 지니고 있다. 이제 품질만으로는 차별화를 얻을 수 없다. 품질은 이제 기본이 되었다. 따라서 진정성이 가치를 갖게 되었다. 진정성이란 스스로의 이미지와 일치하는 내면과 외면의 조화를 의미한다. 이 조화가 깨져 있다면 진정성에서 실패한 것이다.

나는 오랫동안 1인 기업가였다. 필연적으로 나를 세상에 알리지 못하면 홀로 먹고살기조차 어려운 것이 1인 기업가다. 나는 내 존재를 세상에 알리는 방법으로 책을 선택했다. 나는 변화와 혁신이라는 영역 내에서 오랫동안 일해왔고, 그 속에서의 경험이 책으로 풀어져 나왔으며, 책을 쓰면서 더 분명하게 배울 수 있었다. 책은 날개를 펴고 독자들의 심장으로 날아갔고, 그들은 내 책을 읽으며 내가 변화경영 전문가라는 것을 인정해주었다. 그들은 내 책을 사주었고 강연을 요청했고 프로그램에 즐겨 참여했다. 이것이 내 비즈니스의 본질이 되었다. 만일 이 국면에서 내 책의 진정성이 사라진다면 내 비즈니스는 바탕에서부터 흔들릴 것이다. 그러므로 내 비즈니스의 번영은 진정성에 깊이 뿌리내리고 있다. 책의 내용은 직접 겪은 것들 위에서 구성된 것이고, 강연 내용도 믿을 수 있는 이론이며, 프로그램도 돈을 내고 따라 할 만큼 현실적으로 작동 가능한 것이 되어야 한다. 여기에 의도적인 과장과 왜곡이 존재한다면 나는 비즈니스의 문을 닫아야 한다. 개인의 비즈니스는 특히 인격과 거래가 일치되어야 오래갈 수 있다.

세상은 묘한 것이라 신화를 원하면서도 그 안에 진실을 담기를 바란다. 이 대극적 가치 안에서 우리는 양립할 수 있을까. 이것이 우리가 다루어야 할 핵심 과제다. 그동안 마케팅은 실체보다 더 많은 매력을 보여주려 애썼다. 그러나 기업은 이제 지속가능경영이란 바탕에서 마케팅 활동을 해야 한다.

필살기가 없으면 마케팅 목적이 없는 것이며, 진정성이 결여되면 마케팅 방법이 잘못된 것이다. 진정성 결여는 곧바로 마케팅 불신과 실패로 이어지기 때문이다. 개인에게 진정성이란 인격의 차원이며 동시에 전략적 차원이 되었다. 세상에 나를 알리되, 안과 밖이 조화로운 균형을 이룰 수 있는 마케팅 방법을 찾아내야 한다. 진정성이 마케팅의 본질이 되었다는 것, 이것이 개인 마케팅의 가장 중요한 메시지가 되었다.

나를 탄생시키는 프로젝트

인생은 유유한 강물이다. 그것은 수많은 변천과 사연을 담고 흐른다. 작은 계곡의 졸졸거리는 샘물로부터 시작해, 아홉 계곡의 급한 물살이 모여 커다란 계류로 흐르다 천 길 낭떠러지로 내려 떨어지고, 이윽고 거대한 강이 되어 눈부신 모습으로 바다로 빠져드는 그 강물이 바로 우리다.

강물의 여정을 인생과 겹쳐 보면 유사성에 놀라곤 한다. 10대는 뜻을 세우는 시기이며, 20대는 준비하는 시절이다. 30대는 성취의 시절이고, 40대는 전환의 시대다. 50대는 자적自適의 10년이고, 60대는 베풂의 시절이고, 70대는 아마도 비움의 시기일 것이다. 이 중에서 사회와 가장 치열하게 만나는 접점이 바로 서른부터 시작해 쉰으로 끝나는 30년이 아닐까. 계류가 모여 수량이 불고 천애의 협곡에서 몸부림치고 이윽고 유장한 평화로움으로 흐른다.

서른 살 10년은 성취에 몰두할 시기다. 이때 이루어낸 것이 없으면 그다음 마흔 살 10년은 통째 흔들려 그 허망함을 견디기 어렵다. 서른 살 10년의 긴 세월을 무엇을 하며 보낼 것인가는 개인적 선택의 문제다. 그러나 그 선택이 무엇이든 반드시 하나의 성취를 이루어야 한다. 즉, 다음 질문에 대답할 수 있어야 한다.

"지금까지의 인생 중에서 당신이 가장 자랑할 만한 성취는 무엇입니까?"

따라서 이때의 10년은 성취를 위해 모든 에너지가 결집되어야 한다. 돈도 명예도 보장되지 않는 인생의 한때를 바닥에서 박박 기며 정성을 다하는 모습을 연상하면 좋다. 어두움은 늘 위대하고 비옥한 토양이다. 한 시인의 표현을 빌리면 "내 안에 들어와 나를 들끓게 하였던 것들, 끝없는 벼랑으로 내몰고 갔던 것들, 신성과 욕망과 내달림과 쓰러짐과 그리움의 불면들"(박남준, 〈나무, 폭포, 그리고 숲〉에서), 이런 것들이 바로 30대를 만드는 힘이다.

마흔 살 10년은 모름지기 인생의 가장 중요한 혁명의 시기다. 이때 전환하지 못하면 피기 전에 시든 꽃처럼 시시한 인생을 살게 된다. 사람들은 이때를 후반전의 인생을 위한 인터미션, 혹은 2막이라고 부를지 모른다. 어림없는 말이다. 실력이 모자라면 후반전의 경기는 또 한 번의 비웃음에 불과하다. 1막에서 시시한 엑스트라가 2막에서 돌연 위대한 주인공으로 탈바꿈하는 연극을 본 적이 없다. 다른 사람의 각본으로 다른 사람의 연출에 따라 미리 정해진 배역을 맡은 배우는 꼭두각시일 뿐이다. 인생은 연극이 아니다. 인생은 진짜다. 마흔 살은 지금까지의 연극을 끝내고 진짜 내 인생을 사는 것이다. 스스로 대본을 쓰고, 스스로 연출하고, 스스로 배우가 되는 진짜 이야기, 이것이 마흔 살 이야기다.

이때 10년의 상징은 죽음과 재생이다. 거대한 낭떠러지가 큰 강을 만든다. 낙엽은 나무가 겨울을 나기 위한 아름다운 죽음의 의식이다. 죽어야 다시 하나의 나이테를 만들어낼 수 있고, 봄에 꽃을 피울 수 있고 열매를 맺을 수 있다. 마흔은 평범한 사람에게는 가을이 아니라 겨울과 또 다른 봄이다. 내가 보고 겪은 바로는 이때 그 치열함이란 생사를 가르는 비장함이다. 같은 시인의 표현을 빌리면, "굽이굽이 흘러온 길도 어느 한 굽이에서 끝난다. 폭포, 여기까지 흘러온 것들이 그

질긴 숨의 끈을 한꺼번에 탁 놓아버린다. 다시 내게 묻는다. 너도 이렇게 수직의 정신으로 내리꽂힐 수 있느냐. 내리꽂힌 그 삶이 깊은 물을 이루며 흐르므로, 고이지 않고 비워내므로 껴안을 수 있는 것이냐" 이것이 마흔 살 10년의 정신이다. 죽지 않고는 살 수 없다.

쉰 살이 되면 자신의 인생을 미소를 머금고 지켜가면 된다. 커다란 강물이 오후의 황홀한 햇빛 속을 눈부신 자태로 흘러가는 그 장관을 연상하면 좋다. 그 안에 수없이 많은 고기 떼를 품고 흐르는 커다란 관용의 강물이다. 자신의 인생에 대해, 자신의 하루에 대해, 자신이 이루어낸 크고 작은 멋진 일들에 대해 마음껏 즐길 수 있는 가장 평화로운 시절이다. 역시 시인은 이렇게 표현한다. "그리하여 거기 은빛 비늘의 물고기떼, 비바람을 몰고 오던 구름과 시린 별과 달과 크고 작은 돌이며 이끼들 산그늘마저 담아내는 것이냐"

예순 살 이후의 삶은 다른 사람들을 도울 수 있어야 한다. 내 삶은 다른 이들의 삶 속에서 완성된다. 돈보다는 시간을 들여 인생에서 체득한 것을 가지고 돕는 것이 보람 있다. 그동안의 본업을 통해 체득한 지식과 경험을 가지고, 세상에 버려진 가여운 것들과 막 세상을 맞이하려는 약하고 어린 것들을 도울 수 있다면 좋다.

인생을 강물처럼 살 수 있다면 좋다. 인생을 시처럼 살 수 있다면 좋다. 나는 이 글을 읽는 사람들에게 묻고 싶다.

"무엇이 우리를 지루한 일상과 반복되는 무기력 속에 가두어두는가? 도대체 우리가 인생을 시처럼 살 수 없는 이유가 무엇이란 말인가?"

자기경영이란 평범한 개인이 자신을 비범함의 자리, 위대한 자리로 스스로 이끄는 리더십이다. 타인을 위한 리더십이기 이전에 먼저 자신을 이끄는 리더십self-leadership이다. 자신을 탄생시킬 수 있는 사람만이 자기 자신이 되어 스스로 빛날 수 있다. 이때 그 사람은 자신의 시詩 속에 등장하는 그 유일하고 특별한 별이 된다.

각 10년의 시기를 철학, 꿈과 비전, 시간, 투자, 자신에 대한 신뢰, 장기적 목표, 에너지라는 일곱 가지 측면에서 바라보고, 그 키워드를 행동지침으로 만들어보았다.

30대 10년 동안 해야 할 7가지

1. 철학사를 뒤적여 가장 매력적인 철학자 한 '분'을 골라라. 그 '분'에 관한 책 두 권을 정독해 그 '놈'으로 만들어라.

철학은 땅으로 내려와야 하고, 좋은 스승은 반드시 좋은 친구가 될 수 있어야 함께할 수 있다. (철학과 윤리)

2. 회사 명함 말고, 3년 뒤의 개인 명함을 만들어라. 우리는 이것을 꿈의 명함이라 부른다. 서른이 끝나기 전에 이 꿈을 성취하라. (꿈과 비전)

3. 일주일에 두 번은 네 시간만 자라. 그리해 그대의 '뼈가 아직 부러지지 않았다'는 것을 증명하라. (시간)

4. 차 한 대를 사서 적어도 5년 전에는 바꾸지 마라. 10년을 쓸 수 있다면 더 좋을 것이다. 똥차가 바로 지금의 당신이다. 투자란 시간이 갈수록 가치가 늘어나는 것에 돈을 쓰는 것이다. (투자)

5. 주식 세 가지를 골라 계속 관심을 갖고 분석하고 예측해보라. 돈을 걸든 걸지 않든 상관없다. 중요한 것은 당신의 예측에 대한 신뢰도를 높이기 위한 연습이라는 점이다. (자신에 대한 신뢰)

6. 10년 뒤에 살 집을 모색해두어라. 실제로 돌아다니며 적어도 50개 동네와 200채의 집을 가보고 두세 군데를 찍어두어라. 바라는 것을 얻는 것은 적극적인 기다림이다. (구체적인 장기적 목표)

7. 취미 하나를 가져라. 유행과 관계없이 가장 자기다운 취미 하나를 골라 일주일에 두 번은 즐기도록 하라. (활력을 얻는 소스)

40대 10년 동안 해야 할 7가지

1. 자신의 철학을 가다듬어라. 차용한 철학으로는 낭떠러지에서 뛰어내려 자신의 길을 갈 수 없다.

2. 사표를 써라. 직장에서 중역이 되든 나와서 창업을 하든 일단 사표는 써야 한다. 떠남이 목표일 때가 있다. 이때가 그때다. 떠나지 못하면 모욕을 당할 것이다. 조직의 안에 있든 밖에 있든 자신만의 비즈니스를 시작하라.

3. 하루의 시간을 완전히 개편하라. 새벽에 일어나고 일찍 자라. 일주일이면 새벽에 일어나도록 바이오 클록을 바꿀 수 있다. 그러나 습관이 되려면 반드시 일찍 자야 한다.

4. 하루에 두 시간은 자신의 전문성을 위해 투자하라. R&D 없이 어제보다 나아질 것이라고 생각한다면 이상한 논리다.

5. 가장 아름다운 가정을 만들어라. 아이들이 가장 좋아하고 존경하는 사람이 되어라. 아내와 남편에게 가장 매력적인 애인이 되어라. 밖에서 성공하고 안에서 실패한 사람들을 너

무 많이 보았다. 가정을 얻는 것보다 좋은 투자는 없다.

6. 오랫동안 마음에 그리던 집을 사라. 거기서 깨어나고 생각하고 즐기고 잠드는 아름다운 공간을 가족에게 선물하라.

7. 취미 속에서 평생 직업의 힌트와 싹을 키워라. 하고 싶은 일과 잘할 수 있는 일만이 '굿 투 그레이트good to great'로의 전환을 가능하게 한다. 끊임없는 실험과 학습이 이 시기의 키워드다.

50대 10년 동안 해야 할 7가지

1. 자신의 철학을 이웃과 조직에 나누어주어라. 철학이란 삶과 세상에 대한 자신의 견해다.

2. 나의 인생에 감동한 세 명에서 다섯 명의 후배를 만들어라. 실천과 모범이야말로 강력한 설득력이다.

3. 아침에 일어나 하고 싶은 일로부터 하루를 시작하라. 만일 저녁에도 그 일을 하지 못했다면 그 일을 마치고 자라. 최고의 수면제다.

4. 하루에 한 번 작은 즐거운 일 하나를 만들어내라. 언제 어디서나 그럴 수 있는 상황은 있게 마련이다. 편지, 꽃, 전화, 만남, 선물, 이메일 등. 이 방법을 터득하면, 자신을 가장

잘 즐기는 방법 하나를 얻은 것이다.

5. 일주일에 한 번은 꼭 산에 가라. 이날은 꼭 배우자와 진한 사랑을 나누면 좋다. 산을 통해 자연을 만나고 그 정기를 받는 것은 한국에서 태어난 혜택이다.

6. 자신의 자서전을 쓰기 시작하라. 인생이 다 지난 다음에 쓰면 뭘 하겠는가. 쓰다 보면 하고 싶은 일이 생기고, 반성이 따르고, 더 좋은 일이 발견될 것이다. 50은 바로 그런 일들을 찾아 빠짐없이 유유히 즐기는 때다.

7. 한 달에 한 번은 가장 좋을 때 한국의 산하를 구석구석 뒤지고, 1년에 한 번은 다른 나라를 돌아보고, 매일 30분 이상씩 천천히 걷는 거리의 산책을 즐겨라. 인생은 길과 거리에 수많은 교훈을 남겨둔다.

밥과 존재의 일치

퇴직은 두려움인가? 그렇다. 사람들은 겨우 쉰 살 즈음에 회사를 떠나고 격무에 시달리던 몸이 갑자기 할 일 없는 무료함 속으로 빠져들면서 당황한다. 쉰 살은 무엇을 시작하기에는 두렵고, 포기하기에는 너무도 젊은 나이다. 퇴직하고 2주쯤 지나면 초조해지기 시작한다. 당장 뭔가를 시작하지 못해 안달이 나지만 마땅히 할 일이 없음을 뼈저리게 깨닫게 된다. 이때 조심해야 한다. 격전의 전반전이 끝나고 새로운 인생이 펼쳐지기 전에 지금은 푹 쉴 때라는 것을 잊어서는 안 된다. 휴식과 준비의 시기다. 이때를 초조와 안달로 보내면 겨울을 잘 보내지 못한 나무처럼 새로운 인생에 적절히 대비하지 못한다. 자신을 북돋아 정말 살고 싶은 인생을 살 수 있도록 일대 전환을 꾀해야 한다. 새로운 인생은 퇴직과 함께 온다. 이 것이 우리의 희망이다.

어떤 삶을 살 것인지 미리 준비되어 있다면 최상이다. 그러나 어찌어찌해 인생 후반기에 대한 준비를 제대로 못 하고 덜컥 퇴직을 하게 되었다 하더라도 당황할 필요는 없다. 전반전과 후반전 사이에 휴식이 있듯 우리에게는 적어도 몇 년 정도는 잘 준비할 시간이 있다. 이때, 가장 먼저 할 일은 새로운 인생을 꿈꾸는 것이다. 꿈, 여기에서부터 시작하자. 나는 늘 이 예를 들기를 좋아하는데,《삼국유사》의 해제와 저술로 유명한 고운기 교수는《삼국유사》와의 첫 만남에서 '내가 이 책 한 권으로 유명해지리라'는 뜻을 세우게 되었고, 그 결심은 결국 그를《삼국유사》전문가로 만들어주었다. 나의 새로운 인생도 그렇게 시작되었다. 회사를 나올 때 나는 1인 기업가의 꿈을 꾸었고, 변화경영 전문가로 나를 세운 때부터 그 꿈이 시작되었다. 내가 곧 기업이며 나를 고용한 사람도 바로 나다. 스스로를 고용함으로써 고용의 질곡에서 벗어났다. 스스로를 변화경영 전문가로 불렀다. 그러니 이제 묻자.

"나는 무엇으로 유명해지고 싶은가?"

제2의 인생은 바로 이 질문으로부터 시작해야 한다. 먼저 뜻을 세워라. 일단 특정한 분야에 대한 뜻이 서면 다음으로 할 일은 그 분야에서 필살기를 갖추는 것이다. 같은 일을 비슷한 기간 동안 하더라도 어떤 사람은 그 일을 아주 잘하고 어떤 사람은 평이한 수준에 머물고 만다. 어떤 사람은 그 일에 통달한 달인이 되어 그 일로 인생의 후반기를 가득 채운다. 필살기를 만들어내는 비법은 다음과 같다.

모든 비즈니스에는 경영전략이 있고, 전략의 핵심은 여러 가능성 중에서 가장 강한 것에 집중 투자함으로써 리더십을 장악하는 것이다. 강점경영이다. 개인도 마찬가지다. 자신이 선택한 분야에서 차별성을 만들어내기 위해 시간과 관심을 집중 투자하라. 집중 투자의 요령은 '매일 한다'는 원칙을 정하고, 정해진 시간에 정해진 일을 매일 반복 수련하는 실천 습관을 만들어야 한다. 새로운 습관으로 실천을 자동화하면, 시간이 지나 빵이 익듯이 1만 시간이 지나면 필살기가 구워진다. 이것을 '나를 전문가로 만드는 1만 시간의 법칙'이라고 부른다. 차원이 다른 세계에 도달하는 통달의 경지에 이르려면 깨어 있는 시간 전부를 그 일에 투입하고 3년 정도면 1만 시간이 채워져 그 일로 밥을 먹을 수 있다.

세 번째는 인생에 즐거움을 더하는 것이다. 평생을 먹고사는 일에만 전력하면 결국 그것이 모든 것이 되고 만다. 인생의 전반부가 그저 먹고살고 아이들을 건사하기 위한 경제적 생존이었다면, 후반부에서는 삶의 진수를 즐기는 문화적 각성이 따라주어야 나이 들었을 때 너그러움과 관용이 커지게 된다. 인간적으로 성숙하게 되는 것이다. 200년 전 다산 선생은 양계를 시작하는 아들에게 다음과 같은 편지를 보냈다.

"네가 닭을 기르기로 했다니 좋은 일이다. 농서農書를 잘 읽어서 좋은 방법을 선택해 실험해보되, 색깔과 종류별로 구별해보고, 홰를 다르게 만들어 사육 관리를 특별히 해서 남의 집 닭보다 더 살찌고 더 번식하게 하며, 또 간혹 시를 지어 닭의 정경을 읊어보아라. 만약 이익만 보고 의리를 알지 못하고 기를 줄만 알고 취미는 모르는 채 부지런히 골몰하기만 해 옆집 채소를 가꾸는 사람들과 아침저녁으로 다투기만 한다면 겨우 시골의 졸렬한 사람이나 하는 양계법이다."

이 대목에서 다산의 풍모를 흠모하게 된다. 인생 후반부에서조차 먹고살기 위해 전전긍긍해야 한다면 삶을 즐기고 찬미할 시간이 언제 있겠는가? 이때쯤이면 일과 취미가 둘이 되어서는 안 된다. 이때는 좋아하는 일을 아주 잘하게 되어 그 일로 밥을 먹고, 그 일로 나날이 정신적 기쁨을 얻어갈 수 있도록 밥과 존재를 일치시킬 시기다. 닭을 키우되 닭이 경제적 수단만이 아니라 닭의 정경을 관조하고 그 정경을 읊고, 그 일을 즐기게 되는 차원에 이르는 것이 중요하다는 뜻이다.

언젠가 제자들과 함께 그리스 메테오라의 수도원들을 방문한 적이 있다. 세상으로부터 스스로를 유폐시킨 수도자들에게는 모든 것이 구도였다. 엎드려 기도하는 것만이 수련이 아니라 빵을 만들고 청소를 하고 가구를 손질하는 모든 것이 신께 나아가는 방법이었다. 나는 후반기의 직업관은 이와 같아야 한다고 생각한다. 사람에게 영적인 부분이 있듯이 비즈니스에도 영혼이 있어야 비로소 그것이 천직이 된다. 일은 밥벌이일뿐 아니라 그 사람의 인생 자체라는 인식이 무르익어가야 후반기 삶이 의미와 보람으로 가득 차게 된다.

"좋아하는 일을 하다 죽을 것이고, 죽음이 곧 퇴직인 삶을 살 것이다."

이것이 내가 추구하는 직업관이다. 어떤 일이든 그것을 평생 죽을 때까지 한다는 건 대단한 인연이다. 세월과 함께 점점 더 그 일을 잘하게 되고 그 일의 골수를 얻게 되면, 그 일이 곧 내 삶의 정체였다는 걸 깨닫게 될 것이다. 세월에 인생을 더할 줄 아는 사람, 우리의 후반기 삶은 그리되어야 한다.

내가 가는 길이 '내 길'이다

운명이 이끄는 길을 따라갈 것이다. 이것이 내가 살아가는 방식이다. 목표나 계획을 갖고 있지 않다는 말이 아니다. 나는 늘 목표가 있지만 그것을 이루는 방법에 집착하지 않는다. 예를 들어 1년에 책 한 권 써내는 것이 나의 목표다. 어떤 책을 쓸 것인가 역시 관심사다. 그러나 그 책을 어떻게 쓸 것인가에 대해서는 잘 모른다. 글이 글을 이끌기 때문이다. 나는 그저 매일 새벽에 일어나 나의 책상에 앉는다. 그리고 어제 내가 마쳤던 글을 쳐다본다. 글이 스스로 움직이기 시작한다. 나는 내 마음을 따르고, 이내 여과되지 않은 생각들이 펼쳐진다. 그리해 책은 한 페이지씩 써진다. 내가 아닌 누군가가 이일을 주도한다. 글이 달려가기 시작하면 나는 고삐를 풀어둔다. 마치 말을 타고 질주하듯이. 나는 귓가의 바람을 즐기고 몸을 낮춘다. 순식간에 말은 내가 모르는 곳을 달려 새로운 세상에 이른다. 나는 환호한다. 글은 그렇게 써진다. 그 새벽 달려간 거리들이 모이고 모이면 책이 된다. 이것이 내가 글을 쓰는 방법이다. 또한 인생을 사는 방식이다.

　여름이 오면 여행을 떠난다. 나는 늘 여행에서 나를 놓아둔다. 나는 무뇌無腦다. 뇌가 없다. 모든 기회가 나에게 달려들도록 놓아둔다. 다른 사람들이 먹던 숟가락으로 밥을 먹고 다른 사람들이 자던 침대 위에서 잔다. 그리고 그 낯선 벽들이 기억하는 은밀한 이야기들을 듣는다. 나는 사라지고 그들이 내 자리를 차지한다. 그들의 마음으로 사물을 보고 그들의 마음으로 술을 마시고 그들의 마음으로 이야기한다. 나는 새로운 나로 나를 가득 채운다. 여행을 떠나면 달과 별도 달라진다. 북반구의 초승달은 ㄱ처럼 휘었지만 남반구의 초승달은 ㄴ처럼 휘어 있다. 별자리 역시 이곳에서는 볼 수 없는 별들로 하늘이 온통 덮여 있다. 나는 밥을 거의 먹지 않는다. 대신 빵을 먹는다. 고추장도 깻잎조림도 가져가지 않는다. 왜냐하면 그곳에는 그곳의 음식이 있기 때문이다. 변비도 없다. 어디서나 잘 눈다.

여행에서 무언가를 바라고 고집하면 자유를 잃게 된다. 여행은 자유다. 자유롭기 위해 떠나는 것이다. 그러므로 자유를 잃으면 여행도 없다. 수많은 사진, 방문 목록 속 볼 곳들을 하나씩 채워가는 것이 여행은 아니다. 나는 늘 마음의 사진을 찍어둔다. 보다 정확하게 말하면 내 마음에 어떤 장면이 자연스럽게 프린트되기 시작한다. 몽골의 호수 위로 새벽 그믐달이 상어의 지느러미처럼 떠올라 찬란한 은빛으로 물 위에 길을 내며 내게 달려드는 장면도 있고, 드레스를 입은 모르는 여인이 자전거를 타고 거리를 달려가는데 바람이 그녀의 치마를 걷어 올리고 흰 무릎 위 살을 드러내는 장면도 있다. 이스탄불 골목 뒤 카페에 앉아 창문 너머 둥근 모스크의 첨탑 사이로 함박눈이 내리는 것을 보며 맥주를 마시고 있는 내가 찍혀 있기도 하다. 나는 이것이 인생이라는 것을 알고 있다. 모두 사라져갔으나 이것들은 남아 그것이 내 삶이었다고 말해준다.

인생은 수많은 우연으로 짜인 여행이다. 목표를 향해 떠나지만 길 위에서 우리는 수많은 우연을 만나게 된다. 나는 20대의 여행에서 아내를 만났다. 봄날, 꽃도 드문 아직 꽃샘추위가 가슴을 파고들던 날, 그녀는 분홍빛 투피스를 입고 느닷없이 내 인생으로 뛰어들었다. 내 아이 둘이 불쑥 세상으로 뛰어나왔다. 두 아이는 내가 바라는 모습을 반쯤은 그럭저럭 닮아 있는 듯하지만, 결국 제 생긴 대로 살게 될 것이다. 나는 교수가 되고 싶었으나 작가가 되어 있다. 그러나 내 인생에 아무런 불만이 없다. 나는 그리스 작가 니코스 카잔차키스를 좋아한다. 크레타에 있는 그의 무덤에는 이렇게 쓰여 있다.

"나는 아무것도 바라지 않는다. 아무것도 두려워하지 않는다. 나는 자유다."

살면서 그렇게 될지 나는 모르겠다. 그건 어쩌면 죽은 다음에나 오는 평화리라. 그러나 여행을 떠난다면 나는 그렇게 무욕의 며칠을 보내고 오고 싶다.

통곡으로도 지워지지 않을 만큼 삶을 열렬히 사랑하려면 우연을 사랑해야 한다. 그 사람을 거기서 만난 우연을 사랑하고, 나에게 찾아와 내 일이 된 그 일을 사랑하고, 느닷없는 삶의 초대에 흥분해야 한다. 내 작은 계획의 그물망에 잡히지 않았던 일정이라고 거부해서는 안 된다. 오히려 어떤 기회에 대해서는 나의 모든 계획을 적어둔 수첩을 송두리째 버리고 그 떨림을 따라나서야 한다. 그리해 진정한 여행이 시작되는 것이다. 삶은 새로운 국면으로 접어들고 흥미진진해진다. 나의 스토리가 궁금해지고 긴장된다. 그렇게 나의 이야기가 새로 만들어지는 것이다. 그러므로 내가 가는 길이 내 길이다. 나는 자유다.

아프리카로 가자, 순수한 인류의 소년시대로

_ 카를 구스타프 융 3

여행은 거울이다. 새로운 곳에 가서, 바로 그 외부에서 우리를 한번 비춰보는 것이다. 한국말을 쓰지 않는 곳, 한국의 문화가 지배하지 않는 곳, 한국의 역사적 전통과 세계관이 지배하지 않는 곳에서 한국을 보는 것이다. 그들의 언어를 몰라도 좋다. 다만 그들의 행동을 더 잘 관찰하면 되니까. 아랍풍의 카페에 앉아 한 마디도 알아들을 수 없는 그들의 대화를 몇 시간이고 듣고 앉아 있으면 흥미롭다. 그들의 표정, 그들의 흥분상태, 미묘한 몸짓, 목소리의 변화를 훔쳐볼 수 있다. 그것은 내가 그들을 보는 것이 아니라 반대로 한국인을 그 고유한 환경 밖에서 그들의 눈과 감정으로 관찰할 수 있는 기회가 된다.

융은 이런 작업을 멋지게 자신의 연구 영역에 적용했다. 그는 튀니지에 갔다. 낙타를 타고 아랍인들의 행동을 관찰했다. 해가 떠올라 햇살이 동산을 비추면 무에진Muezzin(회교의 기도사)이 아침 기도 시간을 알리는 소리가 길게 퍼진다. 그 소리가 그의 가슴을 깊숙이 흔들어놓는다.

그는 생각한다. 이 사람들은 격정에 산다. 격정에 의해 삶이 영위된다. 그들의 의식은 성찰하지 않고, 내적인 충동과 격정에 따라 움직인다. 격정적이며 기분대로 살아가지만 생生 자체에 한층 더 다가가 있는 인간 존재가 우리 안에 있는 역사층에 강력한 암시를 준다. 그것은 우리가 겨우 빠져나왔다고 생각하는 어린 시절의 낙원 같은 것이다. 어린이답다는 것은 유치하기 그지없으나 그 순진성과 무의식성 덕분에 훨씬 더 자기의 이미지, 즉 꾸밈없는 전인격의 이미지를 보여준다. 사회의 기대에 적응하기 위해 우리가 써야 하는 페르소나, 즉 가면을 위해 상실했던 우리 인격의 한 조각이 무엇인지 알게 된다. 아프리카를 여행하는 것은 그런 것이다. 유럽인들은 합리적 특성을 갖게 되었으나, 그것은 우월함이 아니다. 합리성이란 생의 열정을 희생한 대가를 얻은 것이다. 그로 인해 원시적 인격은 지하세계로 떨어지는 운명에 처하게 되었다.

나는 오늘 생각한다. 그렇다. 여행을 떠나 그들의 삶을 본다는 것은 그들을 봄으로써 나의 잊힌 부분을 복원하는 것이다. 의식은 숨겨진 무의식을 알고 싶으나 이해할 수 없고, 무의식은 그것을 표현하고 싶은데 꿈 외에는 그 길을 찾기 어렵다. 나라 밖 여행은 무의식적으로 내 안에 존재하는, 그러나 우리의 의식은 그것을 기억하지 못하는, 바로 그 인격을 발견해보고 싶은 충동에 이끌리는 행위다.

그렇구나. 여행은 꿈이구나. 꿈속을 거닐지 못하면 여행이 아니구나.

나는 없다

자다가 문득 깨어나

내가 어디 있는지 찾는다

나는 없다

내가 없으니 자유롭다

산길을 가다 산속으로 해가 지는 것을 보았다

새 한 마리가 절벽 밑으로

빛처럼 떨어져 내린다

그 아름다움이 내 넋을 다 빼놓았다

나는 없다

아! 하는

감탄이 나오는 곳이면 어디든

나는 이미 신의 일에 참여한다

경이로움 속에서

나는 이미 없다

나이가 들면

죽음이 삶을 완성해갈 때쯤이면

'자기'를 넘어서는 기적이 일어나

불완전함을 버리고

자기의 모든 것을

살아 있는 것들에게 주어버린다

통쾌한 일이다

나는 없다

내가 없으니 살 것 같다

스승이 쓴 칼럼 가운데 정수만을 골라내는 일은 힘들었다. 어느 것 하나 버리기 아까웠다. 그러나 그보다 더 힘들었던 건 글을 읽어 내려가는 일이었다. 읽다 멈추기를 수없이 반복했다. 분명 예전에도 읽은 글이었지만 우리 곁을 떠난 후에 보는 글은 이전과 달라도 너무 달랐다. 단어 하나, 문장 한 줄에 스승의 얼굴이 오버랩되었다. 글을 썼을 때의 장면이 선명하게 떠오르고 굵고 나지막한 그의 목소리가 들려오는 듯했다. 하루에 몇 개의 글만 기도하는 심정으로 읽기로 하고 천천히 천천히 읽어 내려갔다. 글을 읽었지만 실은 스승의 삶을 음미했다는 것이 더 정확할 것이다.

편집에 참여하여 스승의 가르침을 되새기고 나 스스로를 다잡는 행운을 얻었다. 누군가 구본형이 누구인지 묻는다면 이렇게 대답할 것이다.

"말과 글과 삶이 일치한 사람입니다."

누군가 구본형의 글이 어떠한지 묻는다면 이렇게 대답할 것이다.

"자기혁명을 선동하지만 따뜻하고 통찰력이 있습니다."

누군가 스승 구본형이 강조했던 말이 무엇이냐고 묻는다면 이렇게 대답할 것이다.

"본래의 자기를 찾아서 그 길로 나아가는 것이 진정한 자기혁명이다. 나는 나를 혁명할 수 있다."

누군가 내게 어떤 인생을 살고 싶은지 묻는다면 이렇게 대답할 것이다.

"언제 그 경지에 이를지 모르지만 스승처럼 살고 싶습니다."

_**오병곤**, 구본형변화경영연구소 1기 연구원

구본형은 나의 스승이다. 나는 그를 '사부님'하고 부른다. 2001년 6월 사부님을 처음 만났다. 이 책에 실려 있는 글들은 2002년부터 2013년까지 사부님이 남긴 칼럼에서 가려 뽑은 것이다. 이 기간은 내가 사부님과 함께한 시간과 거의 일치한다. 실제로 나는 이 글들을 읽으며 사부님과 13년을 보냈다.

사부님에게서 번개와도 같은 가르침을 받은 적이 많다. 언젠가 사부님에게 책을 읽는 법과 책에서 잘 배우는 방법에 대해 메일로 물은 적이 있다. 며칠 후 답신이 왔고, 거기에는 이렇게 쓰여 있었다.

"하나, 책의 핵심을 이해할 것. 둘, 재밌고 좋은 사례를 찾을 것. 셋, 책에서 한 걸음 더 나아갈 것."

또 한번은, 글쓰기에 관해 한 줄의 가르침을 청한 적이 있다. 이렇게 말씀하셨다.

"매일 더하고 매일 흐르거라."

그 이후로 독서와 글쓰기에 임하는 나의 자세가 달라졌다. 이 책은 내가 맞은 번개와도 같은 가르침들의 모음집이다. 스승의 번개가 나를 깨어나게 한 것처럼 독자들의 가슴에도 번쩍이는 일순간이 찾아들기를 바란다.

_**홍승완**, 구본형변화경영연구소 1기 연구원

"봄이 온다. 배낭을 메고 떠나고 싶다."

스승이 〈마음을 나누는 편지〉에 글로 남긴 마지막 두 문장이다. 이야기가 이렇게 끝난다는 게 믿기지 않아 몇 번이고 반복해 읽었다. 그러다 언젠가 스승이 한 말이 생각났다.

"봄이 계속 되길 바라는 것보다 겨울을 잘 건너는 법을 배우는 것이 더 멋진 일이지 않겠느냐."

봄이란 그저 시간이 흐르면 찾아오는 계절이 아니라, 겨울을 제대로 보낸 사람만이 맛볼 수 있는 달콤한 시간이다. 인생의 춥고 어두운 시간을 두려워하지 않게 됐다는 것, 스승에게 받은 최고의 선물이다. 처음으로 돌아가 다시 스승의 글을 읽었다. 다행이다. 그의 온기도, 웃음도, 회초리도 모두 글 속에 남아 있다. 이 글들이 봄에 대한 희망과 겨울을 견디는 지혜를 건네줄 수 있길 바란다.

_강미영, 구본형변화경영연구소 2기 연구원

보름달에게*

이해인

당신이 있어

추운 날도 따뜻했고

바람 부는 날에도

중심을 잡았습니다

슬픔 중에도

웃을 수 있는

위로를 받았습니다

각이 진 내가

당신을 닮으려고 노력한

세월의 선물로

---

* 시인(이해인 수녀)이 보내온 추모시

나도 이제

보름달이 되었네요

사람들이 모두 다

보름달로 보이는

이 눈부신 기적을

당신께 바칠게요

사랑합니다

고맙습니다

행복합니다

"구본형은 마음 씀이 크고 넉넉한데도 투박하지 않은 살가운 데가 있어 따르는 사람이 참 많다. 타인에 대한 섬세하고 속 깊은 배려는 매일 매일의 수련에 정진한 결과다. 정(情)이 도탑고 사내다운 멋을 지닌 자였다, 아우님은……."

—이만방, 작곡가 · 숙명여대 명예교수

"본받을 선배와 어른이 있는 사회는 축복이다. 축복의 전염성은 저절로 큰 힘을 지니게 된다. 엄두 내지 못한 보통 사람의 성공은 시대의 어른이 된 구본형에 빚지고 있다. 그의 말과 행동을 따르는 동안 우리가 특별한 사람으로 바뀐 탓이다." ─윤광준, 사진가 · 작가

사랑을 만들어낸다는 것은 혁명입니다. 왜냐하면 사랑할 만한 것을 만들어내기 위해서는 그 대상을 날마다 깎고 다듬어 더욱 아름답게 만들어내야 하기 때문입니다. 그러니 사랑은 놀랍고 힘들 수밖에 없습니다. 그러나 사랑은 이 세상에서 가장 빛나는 것입니다. 만일 이 세상에서 해야 할 단 한 가지 혁명을 꼽으라면 그것은 사랑하는 것입니다.   ─ 구본형

나는 이렇게 될 것이다

지은이_ 구본형

1판 1쇄 발행_ 2013. 9. 5.
1판 12쇄 발행_ 2024. 1. 22.

발행처_ 김영사
발행인_ 박강휘, 고세규

등록번호_ 제406-2003-036호
등록일자_ 1979. 5. 17.

경기도 파주시 문발로 197(문발동) 우편번호 10881
마케팅부 031)955-3100, 편집부 031)955-3200, 팩스 031)955-3111

저작권자 ⓒ 구해언, 2013
값은 뒤표지에 있습니다.
ISBN 978-89-349-6431-5 03320

홈페이지_ www.gimmyoung.com   블로그_ blog.naver.com/gybook
인스타그램_ instagram.com/gimmyoung   이메일_ bestbook@gimmyoung.com

좋은 독자가 좋은 책을 만듭니다.
김영사는 독자 여러분의 의견에 항상 귀 기울이고 있습니다.